Matthias Jordan
Dein Neues Leben

W0064226

MATTHIAS JORDAN

DEIN NEUES LEBEN

Verlag Gottfried Bernard
Solingen

1. Auflage 2004

© der deutschen Ausgabe 2004

   Verlag Gottfried Bernard · Heidstraße 2a · 42719 Solingen
   e-mail: Verlag.GottfriedBernard@t-online.de

Satz: type & print, Nürnberg

Umschlaggestaltung: Thomas Sommerer, type & print, Nürnberg

Druck: Schönbach Druck, Erzhausen

Falls nicht anderweitig angegeben, sind alle Bibelzitate
aus der Elberfelder Übersetzung übertragen.
© 1985, R. Brockhaus Verlag Wuppertal und Zürich

ISBN 3-934771-53-x
Best.-Nr. 175753

Diese sowie alle weiteren Titel aus dem Verlag Gottfried Bernard sind erhältlich bei:
Gerth Medien GmbH · D-35607 Asslar

WIDMUNG

Dieses Buch widme ich meiner lieben Frau Sabine, welche für mich eine tägliche Quelle der Ermutigung und Inspiration ist. In ihr sehe ich das Christusleben, von dem ich in diesem Buch schreibe.

Danke für Deine Liebe und großartige Unterstützung.

VORWORT

Immer wieder erscheint ein Buch in christlichen Buchläden, dass das Potenzial hat, unser Leben prägend zu verändern. Matthias gelingt genau dies mit seinem Erstlingswerk.

Es ist wie ein hochdosiertes Breitbandantibiotikum zusammengestellt, dass uns von all den religiösen, krankmachenden Bakterien befreit, die ein gesundes Glaubensleben in Vollmacht und Frucht behindern. Hierbei präsentiert er tiefe und große göttliche Wahrheiten und Zusammenhänge auf leicht verständliche Weise. Bei seiner hochkomprimierten Kost, die fast alle Lebensbereiche unseres Geisteslebens betreffen, ging mir ein Licht nach dem anderen auf. Denn er bringt göttliche Offenbarung prägnant, einleuchtend und praktisch auf den Punkt. Ich bin davon überzeugt, dass dies Studienbuch nicht nur für mich, sondern auch für dich zu einer Quelle wird, zu der du immer wieder greifen wirst, bis die großen Wahrheiten deiner Neuschöpfung in Christus dein Bewusstsein verändern um dann entsprechenden Glauben hervorzubringen. Die Inhalte dieses Studienbuches sind zum Teil eine geistliche Bewusstseinslehre, die dein Bewusstsein bei regelmäßigem Studium verändert, um dich langsam aber sicher in die Dimension von Vollmacht und Frucht zu führen.

Eine Sache kann ich dem Leser schon jetzt versprechen: Wenn du diesem Studienbuch deine Aufmerksamkeit schenkst, wird dich der Inhalt direkt in das neue Zoe-Leben Gottes hineinführen. Entdecke dein neues Leben beim Studieren dieser Seiten.

Noch eine Anmerkung zum Autor: Matthias ist tiefgründig, sowohl im Erforschen des Wortes Gottes sowie im konsequenten Ausleben seiner Inhalte. Wen wundert es da noch, dass sein Dienst in der Kraft des Heiligen Geistes viele Menschen so nachhaltig weitergebracht hat.

Dieses Buch beschreibt ja gerade jene Zusammenhänge und Dimensionen hinter seiner Salbung, die seinen Dienst so kraftvoll gemacht haben.

Dies ist nur ein weiterer Grund, warum ich dieses Buch als Arbeitsbuch, zum Beispiel auch für Hauskreise, wärmstens empfehlen kann.

Andreas Herrmann

INHALT

geboren worden ◆ Dein Wesen ist Liebe ◆ Wachstum in Sachen Liebe ◆ Das Leben der Liebe entwickeln ◆ Das Wort macht uns zu Menschen, die lieben! ◆ Nach dem Wort handeln ◆ Ein Täter des Wortes – ein Täter der Liebe ◆ Gottes Wort ist ein befähigendes Wort ◆ Die echten Täter des Wortes ◆ Setze die Liebe nun frei ◆ Die Liebe ist eine Frucht des Geistes ◆ Gott zeigt sich in Stärke und in Identifikation – die Münze hat 2 Seiten ◆ Jesus sucht die Nähe der Schwachen ◆ Liebe ist wie ein Strom

Entwickle dein Geist-Bewusstsein ◆ Glauben bildet Bewusstsein ◆ Das Leben kommt aus dem Bewusstsein ◆ Das Zoe-Leben kultivieren ◆ 3 G's: Gottes Wort – Gebet – Gemeinschaft ◆ Priorität – aber nicht ausschließlich ◆ Der Auftrag Gottes ist, diese Welt zu durchdringen

KAPITEL 1

DIE DIMENSION DES GEISTES

Ich bin gekommen, damit sie Leben haben und es in Überfluss haben. Johannes 10,10

Jesus ist gekommen, um uns das Leben Gottes zu geben. Es geht um ein Leben in der göttlichen Dimension des Geistes. Ein Leben erfüllt mit Gottes Kraft und göttlicher Lebensqualität. Im griechischen Sprachgebrauch des Neuen Testamentes werden verschiedene Begriffe für „Leben" gebraucht.

bios das Leben der Natur

psyche das Seelenleben

zoe das göttliche Leben, das übernatürliche Leben

Jesus sagt, dass er gekommen ist, damit wir das überfließende „Zoe-Leben" Gottes haben.

Das natürliche Leben (*bios* und *psyche*) wurde von der Menschheit ausführlich studiert.

Im Bereich der Biologie studiert man das mineralische Leben, das metallische Leben, das pflanzliche Leben, das tierische Leben und den Körper des Menschen.

Im Bereich der Psychologie konzentriert man sich auf die Seele des Menschen.

Welch eine Herausforderung, nun das göttliche „Zoe-Leben" zu erforschen und zu studieren!

Es ist die göttliche Dimension des Geistes.

In der Vergangenheit hat das Christentum sich oftmals auf das gleiche Niveau begeben, auf welchem sich die übrigen Religionen dieser Welt befinden. Dies erfolgte aus einem Mangel an Erkenntnis. Es beschäftigte sich mit Sünde, Buße, moralischen Gesetzen und Politik – also mit Dingen, die es schon vor Christus gab und für die Jesus nicht hätte auf diese Erde kommen müssen.

Eine solche Art von Christentum vermittelt nicht das Leben, welches Jesus für die Menschheit brachte.

Jesus sagt, dass er gekommen ist, um uns etwas zu geben, das es vorher noch nicht für die Menschheit gegeben hat: göttliches Leben.

Wir empfangen es, wenn wir „von oben geboren" werden.

Es ist eine „neue Geburt" des menschlichen Geistes.

Es ist eine Geburt „aus Gott".

Keine der Religionen dieser Welt hat jemals das Wesen ihrer Gläubigen verändert.

Religionen und Philosophien haben dem Menschen kein neues Grundelement in dem Innersten seines SEINS vermittelt. Sie gaben dem Menschen kein neues Herz und keinen neuen Geist.

Doch Jesus gibt uns das göttliche Leben und damit eine göttliche Identität.

Um dieses Leben Gottes zu verstehen, beschäftigen wir uns mit dem, der dieses Leben ist: Gott.

Gott ist Geist

Gott ist Geist, und die ihn anbeten, müssen in Geist und Wahrheit anbeten. Johannes 4,24

„Geist" bedeutet nicht Verstand oder Gedankenwelt.

Unter „Geist" versteht die Bibel „Gottes unsichtbare Dimension".

Diese Dimension des Geistes ist:

• ewig

• außerhalb von Zeit und Raum

• ohne Grenzen

Gottes Dimension ist eine „über-natürliche" und ewige Dimension.

Gottes Leben ist ein „über-natürliches" und ewiges Leben.

Diese Dimension herrscht über die Dimension der natürlichen, sichtbaren Welt.

Der Mensch ist ein geistliches Wesen

Und Gott schuf den Menschen nach seinem Bild, nach dem Bild Gottes schuf er ihn; als Mann und Frau schuf er sie. 1. Mose 1,27

Die Ebenbildlichkeit Gottes bezieht sich nicht auf das äußere Erscheinungsbild eines Körpers, sonder auf das eigentliche „SEIN", auf den Geist des Menschen.

Gott blies seinen Geist in den Menschen hinein und kreierte ihn somit als ein geistliches Wesen.

Der Mensch ist GEIST.
Er hat eine Seele (Verstand, Gefühle, Wille)
und wohnt in einem Körper.

Das eigentlich „SEIN" des Menschen ist Geist und somit ewig.

Dieser Geist wird in der Bibel auch als der „innere Mensch" bezeichnet.

Der Sündenfall

Der Geist des Menschen starb, als er sich auf Sünde einließ. Durch den Sündenfall wurde der Mensch von der göttlichen Dimension abgeschnitten. Er war dem Tod und Verfall preisgegeben.

Aber vom Baum der Erkenntnis des Guten und Bösen, davon darfst du nicht essen; denn an dem Tag, da du davon isst, musst du sterben! 1. Mose 2,17

Der Mensch starb im Hinblick auf das Leben Gottes, in Bezug auf die Gemeinschaft mit Gott und seinen göttlichen Charakter.

Ab diesem Zeitpunkt war der Mensch der Gesetzmäßigkeit des Todes und des Verfalls ausgeliefert.

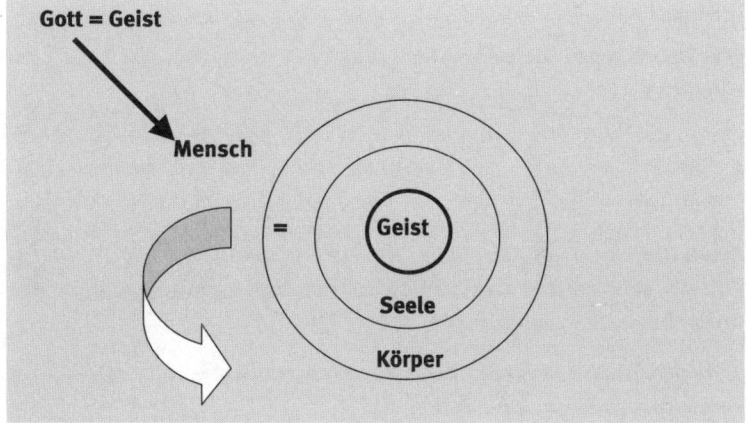

Der in Sünde gefallene Mensch: ohne zoe – der Geist ist tot in Sünde

13

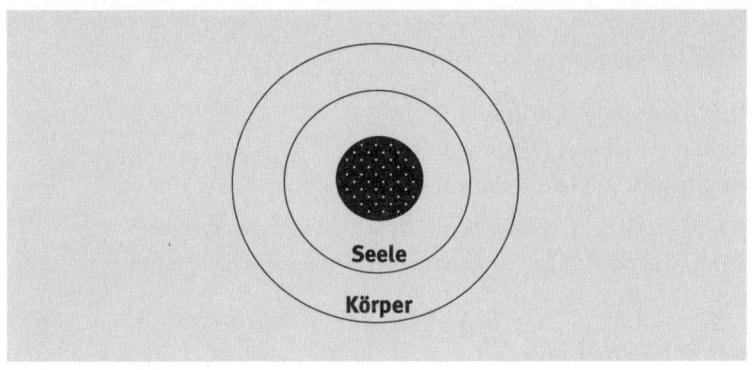

Der Mensch empfing die Wesensart des Teufels

Satan ist der Gegner Gottes. Er ist ein gefallener Engel, welcher gegen Gott rebelliert hat. Im Garten Eden ging der Mensch auf die verführenden Worte Satans ein und unterstellte sich ihm. Dadurch wurde der Geist des Menschen von der Wesensart Satans verseucht. Der Mensch empfing in seinem Innersten die Wesensart Satans. Jesus beschreibt dies im Johannesevangelium mit folgenden Worten:

Ihr seid aus dem Vater, dem Teufel, und die Begierden eures Vaters wollt ihr tun. Jener war ein Menschenmörder von Anfang an und stand nicht in der Wahrheit, weil keine Wahrheit in ihm ist. Johannes 8,44

Das Leben eines Menschen wird durch das bestimmt, was in seinem Herzen ist.

Denn aus dem Herzen kommen hervor böse Gedanken: Mord, Ehebruch, Unzucht, Diebstahl, falsche Zeugnisse, Lästerungen; ... Matthäus 15,19

Denn ich weiß, dass in mir, das ist in meinem Fleisch, nichts Gutes wohnt; denn das Wollen ist bei mir vorhanden, aber das Vollbringen des Guten nicht. Römer 7,18

Trügerisch ist das Herz, mehr als alles, und unheilbar ist es. Wer kennt sich mit ihm aus? Jeremia 17,9

Wenn nun das Innerste des Menschen „unheilbar" ist, wie kann er dann eine Erlösung erfahren? Wenn selbst Gott sagt, dass das Herz des „gefallenen" Menschen „unheilbar" ist, – welche Möglichkeit bleibt ihm dann?

Die einzige Lösung wäre, unseren bisherigen Geist zu entfernen und einen neuen Geist zu implantieren.

Gott hatte dieses Wunder der Erlösung bereits im Alten Testament verheißen:

Und ich werde euch ein neues Herz geben und einen neuen Geist in euer Inneres geben; ...

Und ich werde meinen Geist in euer Inneres geben; und ich werde machen, dass ihr in meinen Ordnungen lebt und meine Rechtsbestimmungen bewahrt und tut. Hesekiel 36,26-27

Die Erlösung

Jesus hat am Kreuz eine völlig Erlösung bewirkt.

Der Glaubende ist von der Wesensart des Teufels völlig befreit worden.

In ihm haben wir die Erlösung durch sein Blut, die Vergebung der Vergehungen, nach dem Reichtum seiner Gnade, ... Epheser 1,7

Da gibt es eine völlige Erlösung durch das Blut von Jesus.

Gott vergibt dem Menschen und wirkt das Wunder einer *„neuen Schöpfung"*.

Merke:

• Der Mensch ist ein geistliches, ewiges Wesen. Er ist Ebenbild Gottes.

• Durch den Sündenfall wurde der menschliche Geist von dem Wesen Satans verseucht.

• Jesus hat eine völlige Erlösung bewirkt: Er gibt uns einen neuen Geist!

KAPITEL 2

EINE NEUE SCHÖPFUNG

Das Erlösungswerk Jesu hat eine „neue Schöpfung" hervorgebracht. Der Glaube an Jesus lässt uns eine „neue Geburt" erfahren.

Daher, wenn jemand in Christus ist, so ist er eine neue Schöpfung; das Alte ist vergangen, siehe, Neues ist geworden. 2. Korinther 5,17 Etwas absolut Neues ist entstanden. Eine neue Kreation. Eine neue Schöpfung. Ein neuer Mensch. Eine neue Generation von Menschen. Eine neue Art von Menschsein.

Das neue Leben ist real

Dieses göttliche Leben, welches Jesus uns gibt, ist eine absolute Realität. Es ist keine Allegorie, kein bildhafter Vergleich.

Wenn Menschen eine Philosophie für ihr Leben anwenden, können sie durch ein verändertes Denken auch eine Art von neuem Lebensgefühl entwickeln und dies mit einem neuen Leben vergleichen. Dies hat jedoch nichts mit dem göttlichen Wunder einer realen Neuschöpfung zu tun. Wir reden hier nicht von einem sinnbildlichen Vergleich, sondern davon, dass ein Mensch buchstäblich zu einer Neuschöpfung wird. Das Innerste seines SEINS wird funkelnagelneu. Es wird von Gott geboren. Es wird Gott gemäß und damit göttlich, heilig und gut!

Von oben geboren

Jesus sagt: „Wenn jemand nicht von neuem geboren wird, kann er das Reich Gottes nicht sehen." Johannes 3,3

Diese Stelle kann auch übersetzt werden: „Wenn jemand nicht von *oben* geboren wird ..."

Es geht also um eine Geburt von „oben", eine Geburt, welche Gott bewirkt.

Wie findet dieser Austausch statt, dass unsere sündhafte Wesensart von uns genommen wird und wir zu neuen Menschen werden?

In Jesus hineinglauben

Der Glaube an Jesus ist ein aktiver Glaube. Eine häufig in diesem Zusammenhang verwandte Präposition im griechischen Grundtext des Neuen Testamentes ist *eis*. Das heißt: „in", „hinein".

Der Glaube „an" Jesus, ist also ein Glaube „in ihn hinein".

Wenn ein Mensch vor einem Fahrstuhl steht, dann reicht es nicht aus, dass er nur „an" einen Fahrstuhl glaubt. Sein Glaube sollte ihn dazu bewegen, sich „in" diesen Fahrstuhl „hinein" zu bewegen.

Durch den Glauben an Jesus bewegst du dich „in sein Erlösungswerk hinein".

Das, was Jesus durch seinen Tod und durch seine Auferstehung bewirkt hat, gehört dann dir ganz persönlich.

Wenn du in Jesus Christus hineinglaubst, dann bist du auch mit ihm gestorben.

Dein altes sündhafte Wesen ist mit Jesus gekreuzigt worden.

Es ist gestorben und durch die Taufe mit Jesus begraben worden.

Das Geniale ist: Du bist mit Jesus zu einem „neuen Leben" auferstanden.

Das Alte ist vergangen, und absolut „Neues" ist geworden!

Das Geheimnis des stellvertretenden Todes Jesu

Jesus ist für dich gekreuzigt worden.

Dein sündhaftes Wesen ist mit ihm gekreuzigt worden.

Jesus ist für dich gestorben.

Deine alte Identität ist mit ihm gestorben. Es gibt sie nicht mehr!

Jesus wurde für dich begraben.

Dein „alter Mensch" wurde durch die Taufe mit ihm begraben.

Jesus ist für dich von den Toten auferstanden.

Du bist mit Jesus von den Toten auferstanden.

Du hast eine neue Identität.

Du bist eine neue Schöpfung.

Ich bin mit Christus gekreuzigt,
und nicht mehr lebe ich, sondern Christus lebt in mir; ... Galater 2,19-20

Oder wisst ihr nicht, dass wir, so viele auf Christus Jesus getauft wurden, auf seinen Tod getauft worden sind?

So sind wir nun mit ihm begraben worden durch die Taufe in den Tod, damit, wie Christus aus den Toten auferweckt worden ist durch die Herrlichkeit des Vaters, so auch wir in Neuheit des Lebens wandeln.

Denn wenn wir verwachsen sind mit der Gleichheit seines Todes, so werden wir es auch mit der seiner Auferstehung sein,

da wir dies erkennen, dass unser alter Mensch mitgekreuzigt worden ist, damit der Leib der Sünde abgetan sei, dass wir der Sünde nicht mehr dienen. Römer 6,3-6

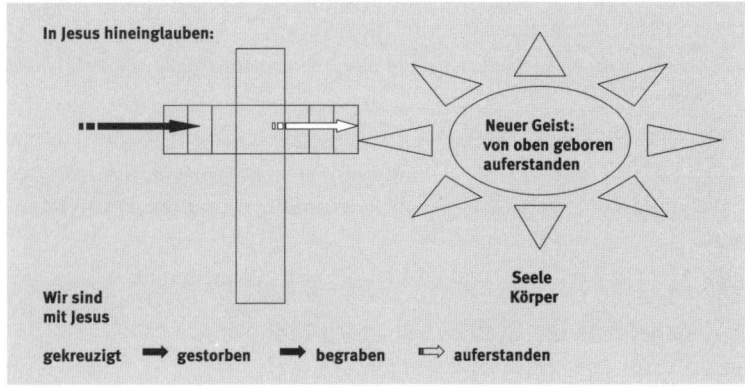

Jesus ist der Prototyp dieser neuen Schöpfung

Jesus starb am Kreuz nicht nur einen physischen Tod, sondern er starb auch im Geist.

Er wurde für uns zur Sünde gemacht. Darum rief er am Kreuz aus: „Mein Gott, mein Gott, warum hast du mich verlassen?" Hier war er von Gott getrennt.

Jesus war der Erste, welcher aus den geistlich Toten ins Leben durchgedrungen ist.

Er ist der Erstgeborene aus den Toten.

Er war die erste Person, welche von neuem geboren worden ist.

***Er ist der Anfang, der Erstgeborene aus den Toten, damit er in allem den Vorrang habe;* ...** Kolosser 1,18

Seine Auferstehung war die Zeugung des „neuen Menschen".

... indem er Jesus erweckte; wie auch im zweiten Psalm geschrieben steht: „Du bist mein Sohn, heute habe ich dich gezeugt." Apostelgeschichte 13,33

Jeder, der in Jesus hineinglaubt, wird zu einem Kind Gottes

... so viele ihn aber aufnahmen, denen gab er das Recht, Kinder Gottes zu werden, denen, die an seinen Namen glauben; ... Johannes 1,12

Geboren aus dem Wort Gottes und aus dem Heiligen Geist

Der „von oben Geborene" ist aus dem Wort Gottes und dem Heiligen Geist geboren worden.

Wenn jemand nicht aus Wasser und Geist geboren wird, kann er nicht in das Reich Gottes hineingehen. Johannes 3,5

Nach seinem Willen hat er uns durch das Wort der Wahrheit geboren, damit wir gewissermaßen eine Erstlingsfrucht seiner Geschöpfe seien. Jakobus 1,18

Als „neue Schöpfung" bist du ein Reaktionsprodukt aus dem Wort Gottes und dem Heiligen Geist.

Du bist ein Mensch, aber du bist aus Wort und Geist geboren.

Du bist ein Mensch, aber du bist wie Jesus. Du bist ein Gott-Mensch.

Du bist ein Sohn bzw. eine Tochter Gottes.

Du bist aus den Toten auferweckt.

Mit dem Herzen wird geglaubt und mit dem Mund bekannt

Wenn wir das Wort Gottes über das Erlösungswerk Jesu Christi hören, dann ist es unsere Entscheidung, ob wir es bejahen und in uns aufnehmen. Wenn wir das gehörte Wort in uns hineinlassen, dann wird die wunderwirkende Kraft des Wortes Gottes in uns freigesetzt und macht aus uns eine „neue Schöpfung".

Denn ihr seid wiedergeboren nicht aus vergänglichem Samen, sondern aus unvergänglichem durch das lebendige und bleibende Wort Gottes. 1. Petrus 1,23

Als „neue Schöpfung" haben wir dann ein glaubendes Herz. Dieses „neue Herz", welches wir bei der Wiedergeburt empfangen, ist in der

Lage zu glauben. Es trägt die Fähigkeit Gottes in sich, zu glauben und zu lieben.

Denn mit dem Herzen wird geglaubt zur Gerechtigkeit, und mit dem Mund wird bekannt zum Heil. Römer 10,10

Diesem Glauben geben wir durch unser Bekenntnis Ausdruck. In der Tat haben Glaube und Bekenntnis eine wechselseitige Wirkung. Glaube führt zum Bekenntnis. Bekenntnis wiederum setzt Glauben frei.

Bist du bereits eine neue Schöpfung?

Trägst du die Gewissheit in dir, dass dir deine Sünden vergeben sind, und dass Gott dich zu einem neuen Menschen gemacht hat?

Hast du diesen bewussten Schritt des Glaubens in Jesus Christus hinein vollzogen?

Das Gebet und Bekenntnis der Wahrheit ist ein aktiver Schritt des Glaubens in das „neue Leben" hinein.

Bete von ganzem Herzen dieses Gebet und empfange jetzt im Glauben das Auferstehungsleben Gottes:

Gebet der Entscheidung:

Vater im Himmel, ich komme jetzt zu dir.
Jesus, ich danke dir für die Erlösung!

Danke, dass du für mich am Kreuz gestorben bist.
Danke, dass du mein sündhaftes Wesen auf dich genommen hast.
Danke, dass mein „alter Mensch" mit dir gestorben ist.
Danke, für dein kostbares Blut, durch welches ich erlöst worden bin.
Ich empfange jetzt dein göttliches Leben.
Das Alte ist vergangen, ein neues Leben beginnt jetzt.

Ich glaube es in meinem Herzen, und ich bekenne es mit meinem Mund:
Meine Sünden sind mir vergeben worden.
Ich bin jetzt eine neue Schöpfung.
Ich bin ein Sohn/eine Tochter Gottes.
So ist es!
Danke Jesus! Mein Leben gehört dir!

Eins steht nun fest

Du bist nun ein Sohn bzw. eine Tochter Gottes. Gott ist jetzt dein Vater!

Diese Tatsache nimmst du im Glauben an und bekennst dies mit deinem Mund.

Deine sündhafte Natur ist von dir genommen worden.

Du bist mit Christus auferweckt worden. Du bist von Gott gezeugt.

Du bist nun ein weiterer Mensch, welcher aus Gott geboren wurde.

Nun kannst du dich auf Gottes Zusage stellen:
Du bist ein Kind Gottes!

Ein guter Tipp, um in dem, was du empfangen hast, zu wachsen:

Danke Gott in den folgenden Tagen täglich dafür, und bekenne mit deinem Mund die Wahrheit des Wortes Gottes.

Danke Jesus für die Erlösung.
Ich bin jetzt eine neue Schöpfung.
Meine Sünden sind mir vergeben.
Ich lebe nun nicht mehr nach meinen Gefühlen,
sondern nach dem, was das Wort Gottes sagt:

Ich glaube in meinem Herzen – und bekenne mit meinem Mund:
Ich bin nun ein Kind Gottes.
Mein altes Leben ist mit Jesus gestorben.
Meine alte, sündhafte Natur ist mit Jesus gestorben.
Ich bin mit ihm zu einem neuen Leben auferstanden.
Ich schaue nicht nach hinten, sondern nach vorne!

Ich bin jetzt ein Sohn/eine Tochter Gottes.
Danke Jesus! Du bist jetzt mein HERR!
So ist es!

Als Bekenntnis des Glaubens unterschreibe ich dies:

_____

Name

Merke:
- Du glaubst in Jesus hinein.
- Du bist mit Jesus von den Toten auferstanden.
- Du bist eine absolut „neue Schöpfung".
- Du bist ein Sohn bzw. eine Tochter Gottes.

KAPITEL 3

DEINE NEUE IDENTITÄT

Im weiteren Verlauf dieses Buches schreibe ich zu denen, welche das Erlösungswerk Jesu Christi für sich persönlich angenommen haben.

Dein Geist ist von oben geboren worden

In der Wiedergeburt wird dein Geist von neuem geboren. Dein Geist ist dein eigentliches „ICH". Weder deine Seele noch dein Körper erfährt eine neue Geburt. Und das ist auch gut so. Stell dir einmal vor, was geschehen würde, wenn bei der Wiedergeburt deine Seele oder dein Körper in das Stadium eines Neugeborenen zurückversetzt würde. Wir müssten in unseren Gottesdiensten einen Verkaufstisch für Babysachen bereithalten, damit wir diese Neugeborenen auch richtig einkleiden könnten. Ziemlich komplizierte Aufgaben würden uns erwarten. Gott sei Dank, dass „nur" unser Geist von neuem geboren wird.

Unser neugeborener Geist wächst, blüht und gedeiht durch das Wort Gottes und den Heiligen Geist. Er soll nun die Führungsposition über unsere Seele und unseren Körper übernehmen.

Dein Geist ist dein eigentliches „ICH"

Dein altes „ICH" trug die sündhafte Natur Satans in sich. Dieses alte „ICH" ist durch den Gauben an Jesus gestorben und begraben worden.

Dein neues „ICH" ist mit Jesus von den Toten auferweckt worden.

Du bist nun eine absolut neue Schöpfung ohne Vergangenheit.

Dein neues „ICH" trägt die Gene Gottes in sich.

Du hast Gottes Erbanlagen und seine Natur in dir.

Dein Geist ist deine neue Identität.

Dein Geist ist die tragende Mitte deines Seins.

Dein eigentliches SEIN ist AUS GOTT geboren.

Du bist nun ein Sohn bzw. eine Tochter Gottes

Denn ihr alle seid Söhne Gottes durch den Glauben in Christus Jesus. Galater 3,26

Deine neue Identität

Wir wollen uns nun anhand des Wortes Gottes anschauen, was du durch die neue Geburt geworden bist. Es geht hierbei nicht um das, was du werden sollst, sondern um das, was du bereits auf Grund der neuen Geburt bist.

Die göttlichen Wesensmerkmale deines SEINS sollen und werden wachsen, aber sie sind bereits seit deiner neuen Geburt in dir!

Du bist „aus Gott"

Ihr seid aus Gott, Kinder, und habt sie überwunden, weil der, welcher in euch ist, größer ist als der, welcher in der Welt ist.
1. Johannes 4,4

Du bist kein Sünder mehr

Viele Menschen leiden an einem chronischen „Sündenbewusstsein". Ihnen stecken die Themen „Sünde" und „Schuld" im Nacken und nehmen ihnen die Lebensfreude.

Andere glauben zwar, dass ihnen die Sünden vergeben worden sind, aber sie halten sich immer noch für Sünder.

Tatsache ist jedoch, dass du durch die Wiedergeburt deiner sündhaften Natur, welche die Natur Satans ist, entledigt worden bist.

Zum einen sind dir deine Sünden vergeben worden:

In ihm haben wir die Erlösung durch sein Blut, die Vergebung der Vergehungen, nach dem Reichtum seiner Gnade, ... Epheser 1,7

Des Weiteren ist in der Erlösung noch mehr enthalten:

Jesus hat „die Sünde" und damit „die sündige Natur" von dir genommen.

Du bist nun kein Sünder mehr!

Jesus hat die Sünde von dir genommen.

Siehe, das Lamm Gottes, das die Sünde der Welt wegnimmt!
Johannes 1,29

Du hast die Gerechtigkeit Gottes empfangen.

Was Sündenbewusstsein bewirkt

Sündenbewusstsein bewirkt Schuldgefühle, Minderwertigkeit, Versagen und Schwäche. Es hält den Menschen gefangen.

Sündenbewustsein raubt einem Menschen den Glauben.

Sowohl der Glaube an Gott als auch der Glaube an sich selbst und an andere Menschen wird dadurch zunichte gemacht.

Sündenbewusstsein ermöglicht kein Glaubensgebet, sondern nur ein Gebet der Verzweiflung.

Eine Reihe von Verkündigern vermitteln ihrer Zuhörerschar ein Sündenbewusstsein. Sie predigen zu den Gläubigen über Sünde, und die Reaktion der Zuhörer ist: „Das bin ja ich" – „Der redet von mir" – „Ich bin ein sündiger Mensch".

Welch ein Irrtum! Durch den Glauben an Jesus bist du frei von Sünde!

Dein eigentliches SEIN ist frei von der Sünde

Jeder, der aus Gott geboren ist, tut nicht Sünde, denn sein Same bleibt in ihm; und er kann nicht sündigen, weil er aus Gott geboren ist. 1. Johannes 3,9

Die neue Schöpfung, dein eigentliches „SEIN" sündigt nicht.

Dein Fleisch, deine Seele, kann sündigen.

Wenn wir dies verneinen würden, dann würden wir uns selbst betrügen.

Wenn wir sagen, dass wir keine Sünde haben, betrügen wir uns selbst, und die Wahrheit ist nicht in uns. 1. Johannes 1,8

Aber Gott sei Dank, wir können von dieser Sünde sofort gereinigt werden, indem wir unsere Sünden bekennen.

Wenn wir unsere Sünden bekennen, ist er treu und gerecht, dass er uns die Sünden vergibt und uns reinigt von jeder Ungerechtigkeit. 1. Johannes 1,9

Welch ein Segen, wenn du es lernst zwischen „dir selbst" und dem Bereich deines Seelenlebens zu differenzieren.

Du siehst dich nicht mehr als sündigen Menschen an.

Im Tiefsten deines SEINS bist du gerecht.

Du ziehst dir den Schuh, „ein Sünder zu sein", nicht mehr an.

Diese Wahrheit wird dir helfen, mit Kühnheit wieder aufzustehen, nachdem du einen Fehler begangen hast.

Dir passieren zwar Fehler, aber du beziehst Sünde nicht mehr auf dein eigentliches „SEIN".

Also gibt es jetzt keine Verdammnis für die, die in Christus Jesus sind. Römer 8,1

Das Blut von Jesus reinigt dich von einem Sündenbewusstsein und einem schlechten Gewissen.

Du kannst nun so wie Jesus in die Gegenwart Gottes treten und dort stehen.

Die Sünde wird nicht herrschen

Denn die Sünde wird nicht über euch herrschen, denn ihr seid nicht unter Gesetz, sondern unter Gnade. Römer 6,14

Dein innerer Mensch kann sich erheben und der Versuchung der Sünde widerstehen. Sünde ist nicht mehr „das Thema" für dich, du wendest dich von ihr ab. Du herrschst über die Sünde. Jesus hat das Problem der Sünde ein für alle Mal gelöst! Er vernichtete die Kraft der Sünde, so dass du ein Leben in Überwindung leben kannst.

Wir denken nicht groß über das Thema der Sünde nach, denn für solche Fälle haben wir einen Rechtsanwalt an himmlischen Orten:

Meine Kinder, ich schreibe euch dies, damit ihr nicht sündigt; und wenn jemand sündigt – wir haben einen Beistand bei dem Vater: Jesus Christus, den Gerechten. Und er ist die Sühnung für unsere Sünden, nicht allein aber für die unseren, sondern auch für die ganze Welt. 1. Johannes 2,1-2

Wenn es dir bewusst ist, dass du ein neue Schöpfung bist, dann wirst du anfangen über die Sünde zu herrschen.

... so werden viel mehr die, welche den Überfluss der Gnade und der Gabe der Gerechtigkeit empfangen, im Leben herrschen durch den einen, Jesus Christus. Römer 5,17

Die Bibel nennt dieses Überwinderleben: „Wandel im Geist".

Wandelt im Geist, und ihr werdet die Begierde des Fleisches nicht erfüllen. Galater 5,16

Dies ist das Lebensniveau für Menschen, die zu einer neuen Schöpfung geworden sind:

Ihr seid aus Gott, Kinder, und habt sie überwunden, weil der, welcher in euch ist, größer ist als der, welcher in der Welt ist.
1. Johannes 4,4

Denn alles, was aus Gott geboren ist, überwindet die Welt; und dies ist der Sieg, der die Welt überwunden hat: unser Glaube.
1. Johannes 5,4

Merke:

• Du bist „aus Gott" geboren worden.

• Du bist kein Sünder mehr!

• Die Wahrheit des Wortes Gottes macht dich frei von einem „Sündenbewusstsein".

• Du herrschst über die Sünde.

KAPITEL 4

GERECHTIGKEIT

Du bist gerecht!

Gerechtigkeit ist der rechte Stand vor Gott.
Gerecht sein bedeutet: o.k. sein, richtig sein.
Du stehst richtig. Du „bist" richtig – völlig richtig!!!

Gerechtigkeit ist die Fähigkeit und das Recht ...
ohne Minderwertigkeit,
ohne schlechtes Gewissen und
ohne Makel
vor Gott stehen zu können.

Die Gerechtigkeit im Alten Testament
Im Alten Testament gab es eine „anerkannte Gerechtigkeit" auf Grund von Taten. Wenn man bestimmte Anforderungen Gottes erfüllte, bekam man eine gewisse Gerechtigkeit von Gott anerkannt. Dies gab dem Einzelnen einen bestimmten Stand vor Gott, welchen andere nicht hatten.
Es entsprach aber bei weitem nicht der „Gerechtigkeit Gottes".

Die Gerechtigkeit im Neuen Testament
Das Neue Testament spricht von der „Gerechtigkeit Gottes".
Gott gibt uns „seine Gerechtigkeit".

Den, der Sünde nicht kannte, hat er für uns zur Sünde gemacht, damit wir Gottes Gerechtigkeit würden in ihm. 2. Korinther 5,21

Gerechtigkeit ist nicht in deinem Tun, sondern in deinem „SEIN" begründet
Du bist nicht gerecht auf Grund deiner Leistung. Sondern, du bist gerecht, weil du aus Gott geboren bist. Du bist „Gott gemäß" geschaffen worden. Du bist gerecht, weil du die Natur und das Wesen Gottes empfangen hast. Du bist gerecht, weil Gott in dir wohnt.

Du hast somit nicht nur ein Eintrittsticket für den Himmel bekommen, sondern du selbst bist das Eintrittsticket.

Die Tatsache, dass du ein Sohn und eine Tochter Gottes geworden bist, steht dafür, dass du in den Himmel hineinkommst. Du kannst jederzeit im Geist in den Himmel hineingehen. Du kannst jederzeit mit Kühnheit vor Gottes Angesicht treten. Bei Gott hast du nun jederzeit Audienz.

Gerechtigkeit stellt die Gemeinschaft mit Gott wieder her

Die Erlösung zielt darauf hin, den Menschen so wiederherzustellen, dass er in Gemeinschaft mit Gott leben kann.

Ein heiliger Gott könnte keine Gemeinschaft mit einem Menschen haben, der die sündhafte Natur noch in sich trägt.

... und den neuen Menschen angezogen habt, der nach Gott geschaffen ist in wahrhaftiger Gerechtigkeit und Heiligkeit. Epheser 4,24

Das Wort Gottes spricht hier von einer „wahrhaftigen" Gerechtigkeit. Es ist also nicht nur eine Benennung oder Bezeichnung von „Gerechtigkeit", sondern diese Gerechtigkeit ist Realität.

Das Erlösungswerk Jesu Christi hat für dich eine völlige Wiederherstellung bewirkt.

Es ist nun dein Recht, vor dem Gnadenthron zu stehen

Du hast nun das Recht bekommen, Kind Gottes sein zu dürfen. Und du hast das Recht, vor Gottes Thron zu stehen.

... so viele ihn aber aufnahmen, denen gab er das Recht, Kinder Gottes zu werden, denen, die an seinen Namen glauben; ... Johannes 1,12

Leben in Gerechtigkeit

Wenn wir erkennen, dass wir die Gerechtigkeit Gottes besitzen, dann gehen wir auch mit den Anfechtungen der Sünde anders um. Sündhafte Gedanken wirst du nicht mehr als einen Teil von dir betrachten. Du registrierst, dass dies Gedankenpfeile sind, welche der Teufel gegen dich schießt, weil er dich ins Wanken bringen will. Doch du unterscheidest nun sehr genau. Du lässt dich durch negative Gedanken weder anklagen noch zur Sünde verführen, sondern du widerstehst dem verkehrten Gedankenangebot.

Am Anfang nicht immer – aber immer öfter!

Was soll's? Wenn dir ein Fehler unterläuft, kratzt dies nicht an deiner Gerechtigkeit! Du stehst wieder auf, bekennst deinen Fehler, und das Blut von Jesus reinigt dich davon. Du entscheidest dich, in der Heiligkeit und Gerechtigkeit Gottes zu leben.

So auch ihr: Haltet euch der Sünde für tot, Gott aber lebend in Christus Jesus! So herrsche nun nicht die Sünde in eurem sterblichen Leib, dass er seinen Begierden gehorche; stellt auch nicht eure Glieder der Sünde zur Verfügung als Werkzeuge der Ungerechtigkeit, sondern stellt euch selbst Gott zur Verfügung als Lebende aus den Toten und eure Glieder Gott zu Werkzeugen der Gerechtigkeit! Römer 6,11-13

Deine Entscheidung steht fest, du stellst dich mit Haut und Haar, mit deinem ganzen Denksinn und Handeln Gott zur Verfügung. Du tust das, was richtig ist. Du lebst die Gerechtigkeit Gottes aus.

Welch ein Geschenk, dass wir so leben dürfen! Wir haben nun keine geringere Gerechtigkeit als die Gerechtigkeit Gottes!

Du bist „Gott gemäß", „so wie Gott" geschaffen worden

… und den neuen Menschen angezogen habt, der nach Gott geschaffen ist in wahrhaftiger Gerechtigkeit und Heiligkeit. Epheser 4,24

Du bist „nach Gott" geschaffen worden. Das heißt: Du bist „Gott gemäß" – gemäß seiner Wesensart und Gene geschaffen worden. Du bestehst aus dem gleichen Material. Du bist „aus Gott".

Ihr seid aus Gott, Kinder, und habt sie überwunden, weil der, welcher in euch ist, größer ist als der, welcher in der Welt ist. 1. Johannes 4,4

Du trägst das Wesen Gottes in dir!

Du bist aus dem Wort Gottes und aus dem Geist Gottes geboren worden. Somit trägst du in deinem „neuen Geist" Gottes Natur und sein Wesen.

... durch die er uns die kostbaren und größten Verheißungen geschenkt hat, damit ihr durch sie Teilhaber der göttlichen Natur werdet, ... 2. Petrus 1,4

Deine Seele mag noch daran gewöhnt sein, nach den alten Denkrastern und Empfindungen zu reagieren. Aber das Innerste deines SEINS – dein „Motor" – ist ausgetauscht worden. Du bist eine funkelnagelneue Schöpfung, welche „gemäß Gott" geschaffen wurde. Das Potenzial für alles Gute steckt nun in dir drin. Hass und Bitterkeit sind mit Christus gestorben. Dein eigentliches SEIN, dein Herz, ist voller Liebe und entsprechend der Wesensart Gottes!

... die Liebe Gottes ist ausgegossen in unsere Herzen durch den Heiligen Geist, der uns gegeben worden ist. Römer 5,5

Nimm diese Wahrheit, glaube sie und bekenne sie mit deinem Mund:

Sage: Ich bin ein Sohn bzw. eine Tochter Gottes! Ich bin „Gott gemäß" geschaffen worden. Mein altes Wesen ist mit Jesus gestorben. In meinem Innersten ist die Natur Jesu Christi. Ich bin aus Liebe geboren worden. Die Liebe Gottes ist in mein Herz ausgegossen worden. Danke Vater im Himmel!

Du bist geliebt und gewollt

... wie er uns in ihm auserwählt hat vor Grundlegung der Welt, dass wir heilig und tadellos vor ihm seien in Liebe. Epheser 1,4

Nimm diese Wahrheit, glaube sie und bekenne sie mit deinem Mund:

Sage: Danke, Vater im Himmel, dass du mich aus Liebe geboren hast! Ich bin auserwählt. Ich bin geliebt. Ich nehme dies für mich an!

Du bist heilig

... und den neuen Menschen angezogen habt, der nach Gott geschaffen ist in wahrhaftiger Gerechtigkeit und Heiligkeit. Epheser 4,24

Du bist Gott heilig, du bist jemand ganz Besonderes.
Du bist einzigartig.
Nimm diese Wahrheit, glaube sie und bekenne sie mit deinem Mund:

Sage: Danke, Vater im Himmel, dass ich dir heilig bin. Danke, dass ich einzigartig bin.

Du hast Freude an den Dingen Gottes

Denn ich habe nach dem inneren Menschen Wohlgefallen an dem Gesetz Gottes. Römer 7,22

Sage: Vater im Himmel, mein innerer Mensch hat Freude an dir. Du hast dieses Verlangen nach dir in mich hineingelegt.

Du bist ein Glaubender

Durch die Wiedergeburt ist dir ein Maß des Glaubens von Gott geschenkt worden.

... wie Gott einem jeden das Maß des Glaubens zugeteilt hat. Römer 12,3

In deinem neuen Geist steckt die Fähigkeit zu glauben. Du hast die Fähigkeit zu glauben, ohne Gott jemals gesehen zu haben. Glauben ist ein „Wissen" in deinem Geist.

Wenn du das Wort Gottes nun in deinen Geist aufnimmst, dann wird Glaube in dir aufleuchten.

Also ist der Glaube aus der Verkündigung, die Verkündigung aber durch das Wort Christi. Römer 10,17

Du bist jemand, der das Wort Gottes umsetzt.

Die Anweisung Gottes ist: „Denkt um, und glaubt an das Evangelium!

Genau das hast du getan. Somit bist du ein Täter des Wortes Gottes.

Seid aber Täter des Wortes und nicht allein Hörer, die sich selbst betrügen! Jakobus 1,22

... ein Täter des Werkes ... wird in seinem Tun glückselig sein. Jakobus 1,25

Sage nicht mehr: „Ich sollte das Wort Gottes umsetzen."

Bekenne hingegen: „Ich setze das Wort Gottes um! Das Wort Gottes macht mich zu einem Täter des Wortes. Ich bin ein Täter des Wortes Gottes."

Du bist gesund

Das Wort Gottes bringt deine Seele in Form. Lies das Wort Gottes und bekenne es mit deinem Mund. Dies ist der Weg, wie du den „neuen Menschen", also deinen Geist, mit dem Wort Gottes speist. Sei kein distanzierter Betrachter des Wortes Gottes, sondern nimm es in dir auf.

Dies bewirkt Heilung für deine Seele (Gedankenwelt, Gefühlswelt).

... und nehmt das eingepflanzte Wort mit Sanftmut auf, das eure Seelen zu erretten vermag! Jakobus 1,21

Das Wort „erretten" – griechisch: *sozo* – bedeutet: gesund machen, heilen, völlig wiederherstellen, befreien, in Sicherheit bringen. Die Seele bedarf dieser Genesung und Heilung. Dies ist ein Prozess, den du nun erleben darfst.

Im Geist bist du jedoch bereits völlig gesund und heil.

Dein eigentliches „SEIN" ist gesund.

... der unsere Sünden an seinem Leib selbst an das Holz hinaufgetragen hat, damit wir, den Sünden abgestorben, der Gerechtigkeit leben; durch dessen Striemen ihr geheilt worden seid. 1. Petrus 2,24

Nimm diese Wahrheit, glaube sie und bekenne sie mit deinem Mund:

Sage: Danke Vater im Himmel für dein kostbares Wort. Du selbst bist das Wort. Ich nehme dieses Wort auf. Dieses Wort ist Heilung für meine Seele und meinen Körper. Du hast in mir ein gutes Werk angefangen, und du wirst es auch vollenden.

Du bist tadellos

... wie er uns in ihm auserwählt hat vor Grundlegung der Welt, dass wir heilig und tadellos vor ihm seien in Liebe, ... Epheser 1,4

Merke:
• Du bist die Gerechtigkeit Gottes.
• Gerechtigkeit ist nicht in deinem Tun, sondern in deinem „SEIN" begründet.
• Du trägst das Wesen Gottes in dir.
• Du bist geliebt, gewollt und völlig o.k.!

KAPITEL 5

DAS ZOE-LEBEN

Ich bin gekommen, damit sie Leben [zoe] haben und es in Überfluss haben. Johannes 10,10

... Jesus Christus, der den Tod zunichte gemacht, aber Leben und Unvergänglichkeit ans Licht gebracht hat durch das Evangelium, ... 2. Timotheus 1,10

Jesus hat uns durch seinen Tod und seine Auferstehung das göttliche „Zoe-Leben" geschenkt.

Das neue Leben entspricht dem Charakter und dem Wesen Gottes

Das göttliche Leben trägt die Wesensart und den Charakter Gottes in sich. Dieses göttliche Leben ist Gott entsprechend.

... und den neuen Menschen angezogen habt, der nach Gott geschaffen ist ... Epheser 4,24

Du bist gemäß den Qualitäten, Eigenschaften und Fähigkeiten Gottes geschaffen worden. Du kommst ganz auf deinen neuen Vater raus!

Veränderung des Lebens

Wenn die Regierung eines Landes verstehen würde, was eine „neue Geburt" in einem Menschen bewirkt, dann würden sie gut bezahlte Evangelisten in alle zentralen Bildungsstätten unserer Gesellschaft entsenden. Sie würden erkennen, dass eine „Geburt von oben" einen Menschen von Grund auf erneuert und eine hervorragende Basis für eine gesellschaftliche Verbesserung darstellt.

Selbst kriminelle Menschen, welche das Leben Gottes empfangen, werden zu vorbildlichen Bürgern in der Gesellschaft.

Gangster werden aufrichtig und ehrlich. Trinker werden nüchtern. Drogenabhängige werden clean. Ehen werden geheilt und Friede kommt in die Häuser. Selbstsucht wird ausgelöscht. Eine neue Art der Liebe und eine neue Einstellung zum Leben werden geschenkt.

Dieses neue Leben vermittelt Menschen eine gehobene Lebensqualität, verändert ihren Charakter und verschafft ihnen Ideen und Arbeit.

Das Zoe-Leben verändert einen Menschen von Grund auf

Die Auswirkungen der Wiedergeburt auf das Leben eines Menschen sind grundlegend. Das Zoe-Leben spiegelt sich in seinem Denken, Sprechen und Handeln wieder. Schlechte Angewohnheiten werden korrigiert. Verhaltensweisen neu geformt. Das Zoe-Leben nimmt Einfluss auf seine Begabungen und Fähigkeiten. Es formt den Charakter.

Welch ein Segen, wenn ein Mensch schon in jungen Jahren von neuem geboren wird und in einer Atmosphäre groß wird, die von Gott geprägt ist. Ein solcher Mensch ist leichter zu erziehen und hat bessere Chancen für die Zukunft. Teenager, welche göttliches Leben empfangen und darin geführt werden, dass dieses Leben dominiert, werden um einen wesentlichen Prozentsatz leistungsfähiger, als sie es zuvor waren. Das göttliche Leben, welches in sie hineinkommt, beeinflusst ihre mentale Verfassung und Leistungsfähigkeit. Es nimmt positiven Einfluss auf ihre Moral.

Eine andere Qualität von Disziplin und Verantwortungsbewusstsein ist zu beobachten.

Das neue Leben ist wie eine Quelle in dir

Jesus beschreibt dieses neue Leben mit einer Quelle.

... sondern das Wasser, das ich ihm geben werde, wird in ihm eine Quelle Wassers werden, das ins ewige Leben quillt. Johannes 4,14

Das neue Leben in uns erfährt durch die Zufuhr des Wortes Gottes und durch den Heiligen Geist in uns eine ständige Anregung. Gerechtigkeitsbewusstsein, Friede und Freude im Heiligen Geist sind die Folge.

Denn das Reich Gottes ist nicht Essen und Trinken, sondern Gerechtigkeit und Friede und Freude im Heiligen Geist. Römer 14,17

Zudem erfolgt ein Zustrom an Rat, Impulsen, Denkanstößen und eine Einlage an göttlichem Antrieb, Ermutigung und Ansporn.

Gehen wir diesen Impulsen nach, so werden wir sehen, wie in allem, was wir tun, Leben hervorkommt. Gelingen und Erfüllung sind die Folge, wenn wir den Impulsen des göttlichen Rates in uns folgen.

Er ist wie ein Baum, gepflanzt an Wasserbächen, der seine Frucht bringt zu seiner Zeit, und dessen Laub nicht verwelkt; alles was er tut, gelingt ihm. Psalm 1,3

Der „von oben Geborene" ist zum Erfolg geboren.

... ich habe euch erwählt und euch dazu bestimmt, dass ihr hingeht und Frucht bringt und eure Frucht bleibe, damit, was ihr den Vater bitten werdet in meinem Namen, er euch gebe. Johannes 15,16

Dein Leben bringt reichlich Frucht hervor.

Das neue Leben ist wie der Wind

Das neue Leben bewegt sich mit dem Geist Gottes. Geist und Wind sind in der Bibel Synonyme. Das Leben des Geistes wird mit dem Wind verglichen.

Der Wind weht, wo er will, und du hörst sein Sausen, aber du weißt nicht, woher er kommt und wohin er geht; so ist jeder, der aus dem Geist geboren ist. Johannes 3,8

Der „neugeborene" Mensch, welcher durch den Geist Gottes geleitet wird, folgt nicht festgelegten Satzungen und Statuten. Man kann einen Mensch des Geistes nicht zuvor auf ein gewisses Verhalten festnageln. Er handelt dem gemäß, wie der Geist Gottes ihn leitet. Er wird durch den Frieden Gottes in seinem Innersten geführt.

... und der Friede Gottes, der allen Verstand übersteigt, wird eure Herzen und eure Gedanken bewahren in Christus Jesus. Philipper 4,7

Das neue Leben wird täglich erneuert

Deshalb ermatten wir nicht, sondern wenn auch unser äußerer Mensch aufgerieben wird, so wird doch der innere Tag für Tag erneuert. 2. Korinther 4,16

Das neue Leben ist das Licht der Menschen

Das neue Leben ist das Licht für unsere Gesellschaft.

In ihm war Leben, und das Leben war das Licht der Menschen. Johannes 1,4

Erfindungen wurden immer da gemacht, wo es göttliches Leben gab. Völker, zu denen das Evangelium noch nicht vorgedrungen war, brachten keine bahnbrechenden Erfindungen hervor. Sie tappten im dunkeln. Segnungen in Form von Kreativität, Erfolg, Erfindungen etc. sind die Folge göttlichen Lebens.

Jesus ist gekommen, damit wir den Überfluss dieser Lebensart genießen können

Der Dieb kommt nur, um zu stehlen und zu schlachten und zu verderben. Ich bin gekommen, damit sie Leben haben und es in Überfluss haben. Johannes 10,10

Ein religiöses Leben steht diesem Überfluss des Lebens entgegen. Ein religiöses Leben, das Regeln vorschreibt, welche man tun muss, um Gott zu gefallen, beraubt den Menschen und bringt ihn in Sklaverei. Eine „neue Schöpfung" hingegen weiß, dass sie von Gott grenzenlos geliebt ist. Eine solche Person ist freigesetzt zu lieben, weil sie selbst uneingeschränkt geliebt wird. Sie ist freigesetzt zu einem innovativen, erfinderischen und erfolgreichen Leben.

In diesem neuen Leben wirst du durch den Heiligen Geist geleitet. Er gibt dir Erleuchtung, Ideen, Weisheit und tägliche Führung.

In der neuen Dimension leben

Entdecke den Wert des neuen Lebens.

Das „Fleisch" mit seinen emotionalen Hochs und Tiefs ist nicht deine eigentliche Identität. Deine eigentliche Identität ist die „neue Schöpfung". Denke daran: Du bist eine „neue Schöpfung". Du bist „aus Gott"!

Aus diesem Bewusstsein heraus überwindest du die Sünde und lebst immer mehr entsprechend dem Maßstab Gottes.

So auch ihr: Haltet euch der Sünde für tot, Gott aber lebend in Christus Jesus! Römer 6,11

… da wir dies erkennen [sich vergegenwärtigen durch ständiges Betrachten], dass unser alter Mensch mitgekreuzigt worden ist, damit der Leib der Sünde abgetan sei, dass wir der Sünde nicht mehr dienen. Römer 6,6

Füttere nicht das alte Leben, welches nach der Seele geführt wurde.

... sondern zieht den Herrn Jesus Christus an, und treibt nicht Vorsorge für das Fleisch, dass Begierden wach werden! Römer 13,14

Verschiedene Arten von Menschen

Paulus beschreibt in seinen Briefen verschiedene Arten von Menschen:

PSYCHIKOS – DER SEELEN-MENSCH

Ein natürlicher Mensch aber nimmt nicht an, was des Geistes Gottes ist, denn es ist ihm eine Torheit, und er kann es nicht erkennen, weil es geistlich beurteilt wird. 1. Korinther 2,14

Für den Begriff „ein natürlicher Mensch" steht im Griechischen das Wort *psychikos*. Dies bedeutet, der „Seelen-Mensch". Es ist der Mensch, welcher nicht von neuem geboren ist. Dieser Mensch kennt keine Offenbarung von Gott in seinem Innersten. Er wird durch seine Seele geleitet. Er handelt gemäß dem, was sein Verstand oder seine Gefühle ihm sagen. Es ist ein Mensch, welcher durch seine natürlichen Sinne geleitet wird. Letztendlich wird er von seinen Sinnen beherrscht und auch eingeschränkt.

PNEUMATIKOS – DER GEISTES-MENSCH

Der geistliche dagegen beurteilt zwar alles, er selbst jedoch wird von niemand beurteilt. 1. Korinther 2,15

Für den Begriff „der geistliche Mensch" steht im Griechischen das Wort *pneumatikos*, also der „Geistes-Mensch". Gemeint ist ein Mensch, welcher von neuem geboren ist und durch den Heiligen Geist geleitet wird. Ein solcher Mensch hat sich entschieden, sich nicht mehr von seiner Seele leiten zu lassen, sondern gemäß den Anregungen des Geistes Gottes zu leben. Sein Geist dominiert über den natürlichen Bereich der Seele und des Körpers.

SARKIKOS – DER FLEISCHLICHE CHRIST

Und ich, Brüder, konnte nicht zu euch reden als zu Geistlichen, sondern als zu Fleischlichen, als zu Unmündigen in Christus. ... denn ihr seid noch fleischlich. Denn wo Eifersucht und Streit unter euch ist, seid ihr da nicht fleischlich und wandelt nach Menschenweise? 1. Korinther 3,1-3

Für den Begriff „Fleischliche" steht im Griechischen das Wort *sarkikos*. Das ist der Mensch, welcher vom „Fleisch" beherrscht wird. Gemeint sind Christen, welche das empfangene neue Leben nicht ausleben, sondern in dem Trott des alten Lebens verharren. Die daraus resultierenden Verhaltensformen sind: Eifersucht, Streit, Zorn, Neid etc. Der Galaterbrief nennt dies „Werke des Fleisches". Somit sind Verhaltensformen wie eingeschnappt sein, unfreundlich sein, schroff sein, muffelig sein, beleidigt und missgestimmt sein ganz offensichtlich Werke des Fleisches.

Viele von denen, welche eine neue Geburt erlebt haben, leben unter ihrem Niveau. Sie leben ein solches „Sarkikos-Leben", weil sie kein Bewusstsein darüber haben, dass ihnen ein neues, göttliches Leben geschenkt worden ist.

Doch warum solltest du dich noch auf einem solchen Niveau bewegen? Werde dir bewusst, dass Gott dir sein Leben gegeben hat, und lebe darin.

Glaube, Hoffnung und Liebe

Glaube, Hoffnung und Liebe sind ein natürlicher Ausfluss deines neuen Lebens. Es ist nichts, was du produzieren musst, sondern es fließt aus dir heraus.

Wer an mich glaubt, wie die Schrift gesagt hat, aus seinem Leibe werden Ströme lebendigen Wassers fließen. Johannes 7,38

Es ist eine Frucht des neu kreierten Geistes.

Die Frucht des Geistes aber ist: Liebe, Freude, Friede, Langmut, Freundlichkeit, Güte, Treue, Sanftmut, Enthaltsamkeit. Galater 5,22-23

Treue und Glauben, Zuversicht und Liebe sind natürliche Bestandteile des neuen göttlichen Zoe-Lebens.

Das neue Leben lebt durch Offenbarung

Deine persönliche Führung geschieht durch eine innere Gewissheit. In deinem Innersten trägst du, gewirkt durch dein Heiligen Geist, eine Gewissheit, was richtig ist. Es ist ein inneres Aufleuchten. Man kann es auch Offenbarung nennen oder Gewissheit des Glaubens.

Merke:

- Das Zoe-Leben verändert einen Menschen von Grund auf.
- Das neue Leben ist wie eine Quelle in dir.
- Das neue Leben ist das Licht der Menschen; es gibt uns Rat, Orientierung und Kreativität. Es macht uns erfolgreich!
- Glaube, Hoffnung und Liebe sind ein natürlicher Ausfluss des neuen Lebens.

KAPITEL 6

DIE KRAFT DES WORTES GOTTES

Das Wort ist Gott

Gott und sein Wort sind eins.

Im Anfang war das Wort, und das Wort war bei Gott, und das Wort war Gott. Johannes 1,1

Das Wort Gottes soll zu einem wesentlichen Teil unseres Daseins werden

Das Wort des Christus wohne reichlich in euch; in aller Weisheit lehrt und ermahnt euch gegenseitig! Mit Psalmen, Lobliedern und geistlichen Liedern singt Gott in euren Herzen in Gnade! Kolosser 3,16

Gottes Geist lagert sich über dem geschriebenen Wort

Gottes Geist lagert sich über dem geschriebenen Wort. Wenn wir dieses Wort ehren, indem wir uns damit beschäftigen und darüber nachsinnen, dann fängt Gott an, sich uns zu offenbaren.

Wenn jemand mich liebt, so wird er mein Wort halten, und mein Vater wird ihn lieben, und wir werden zu ihm kommen und Wohnung bei ihm machen. Johannes 14,23

Das Wort soll die Oberhand gewinnen

Das Nachsinnen über das Wort Gottes ist ein Zusammensein mit Jesus. Durch Meditieren über das Wort Gottes wird dieses zum Bestandteil deiner Person. Das in uns lebende Wort Gottes geht uns in Fleisch und Blut über.

So wuchs das Wort des Herrn mit Macht und erwies sich kräftig. Apostelgeschichte 19,20

Das Wort Gottes aber wuchs und mehrte sich. Apostelgeschichte 12,24

Eine andere Übersetzungsmöglichkeit für Apostelgeschichte 19,20 ist: „So wuchs das Wort des Herrn und gewann die Oberhand."

Das Wort soll in unserem Geist und in unseren Herzen wachsen. Dann gewinnt es die Herrschaft über uns.

Glaube bedeutet, dass das Wort die Oberhand gewinnt

Glaube ist dann vorhanden, wenn das Wort die Oberhand über unseren Denksinn bekommen hat.

Im Leben Jesu sehen wir, wie das Wort auf den Lippen Jesu über die Naturgesetze und Krankheiten herrschte. Dämonen, Krankheiten, Naturgesetze und sogar der Tod mussten sich gegenüber seinem Wort beugen. Das Gleiche beginnt der Glaubende zu erfahren, wenn das Wort Gottes in ihm Oberhand gewinnt.

Der natürliche Mensch

Der natürliche Mensch, welcher nicht von „neuem geboren" ist, lebt nach seiner Seele. Das heißt, sein Denksinn oder seine Gefühle leiten ihn. Er lebt in dem Bewusstsein seiner Seele. Sein Seelenleben dominiert sein ganzes SEIN.

Ein natürlicher Mensch aber nimmt nicht an, was des Geistes Gottes ist, denn es ist ihm eine Torheit, und er kann es nicht erkennen, weil es geistlich beurteilt wird. 1. Korinther 2,14

Ein solcher Mensch nimmt Gott nicht wahr und kann die Dinge des Geistes nicht erkennen.

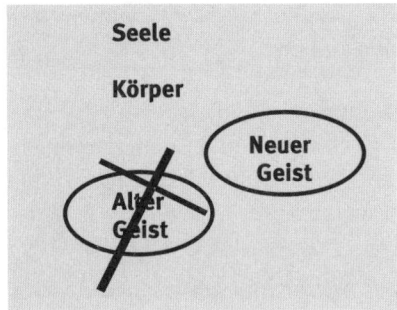

Vor dem Sündenfall war der Geist des Menschen wach und im Bewusstsein des Menschen. Es war die Ebene, auf welcher der Mensch mit Gott kommunizierte.

Als der Mensch sündigte und starb, starb der Geist des Menschen. Der Mensch war vom Leben Gottes abgeschnitten. Sein Geist war immer noch vorhanden, spielte aber durch seinen degenerierten Zustand eine absolut untergeordnete Rolle.

Der Geist des Menschen beinhaltet auch den Bereich, welchen wir als Unterbewusstsein bezeichnen. Durch die Verseuchung der Sünde entspringen diesem Geist des natürlichen Menschen immer wieder Gedanken und Regungen, welche ihn zum Bösen hinziehen.

In dem Erlösungswerk hat Jesus das sündhafte Wesen des menschlichen Geistes auf sich genommen. Der alte Mensch ist mit Christus gekreuzigt, so dass der Glaubende die Identität eines neuen Geistes geschenkt bekommen hat. Dies ist das neue Leben in Christus.

Durch die neue Geburt haben wir einen neuen Geist bekommen, welcher mit Gott kommunizieren kann. Wir können die Dinge Gottes wahrnehmen und seine Geschenke im Geist empfangen.

Denn wer von den Menschen weiß, was im Menschen ist, als nur der Geist des Menschen, der in ihm ist? So hat auch niemand erkannt, was in Gott ist, als nur der Geist Gottes.

Wir aber haben nicht den Geist der Welt empfangen, sondern den Geist, der aus Gott ist, damit wir die Dinge kennen, die uns von Gott geschenkt sind. 1. Korinther 2,11-12

Die Bibel zeigt uns auf, wie unser neugeborener Geist nun entwickelt werden kann und wächst. Unser neugeborener Geist soll stark werden und in unser Bewusstsein hineinkommen.

Ich sage aber: Wandelt im Geist, und ihr werdet die Begierde des Fleisches nicht erfüllen. Galater 5,16

... und seid wie neugeborene Kinder begierig nach der vernünftigen, unverfälschten Milch – damit ihr durch sie wachset zur Rettung –, ... 1. Petrus 2,2

Gott will dir bewusst machen, dass du eine neue Schöpfung bist – ein Sohn bzw. eine Tochter Gottes. Durch die Zufuhr des Wortes Gottes wirst du ein immer stärkeres Unterscheidungsvermögen bekommen zwischen dem, was aus dem Geist geschieht, und dem, was Regungen der Seele sind.

Denn das Wort Gottes ist lebendig und wirksam und schärfer als jedes zweischneidige Schwert und durchdringend bis zur Scheidung von Seele und Geist, sowohl der Gelenke als auch des

Markes, und ein Richter der Gedanken und Gesinnungen des Herzens. Hebräer 4,12

Ernähre dich mit dem Wort Gottes

Wenn du die Bibel in deinen Händen hältst, so werde dir bewusst, dass dies das Buch ist, welches deinen inneren Menschen ernährt. Dies ist das Buch, welches Glauben und Liebe in dein Leben hineinbaut.

Du hast ein gewisses Maß an Glauben und Liebe empfangen. Nun baut das Wort Gottes systematisch vermehrten Glauben und vermehrte Liebe in dein Leben hinein.

Die Bibel unterrichtet uns, wie wir mit dem Wort Gottes unseren inneren Menschen nähren und stärken können:

Anerkenne das Wort Gottes als oberste Autorität.

Lies das Wort, denk darüber nach, sprich es mit deinem Mund aus und beginne danach zu handeln.

Das Wort Gottes ist gleichsam ein befähigendes Wort. Indem wir es in uns aufnehmen, befähigt es uns, daraufhin zu handeln. So werden wir eins mit dem Wort.

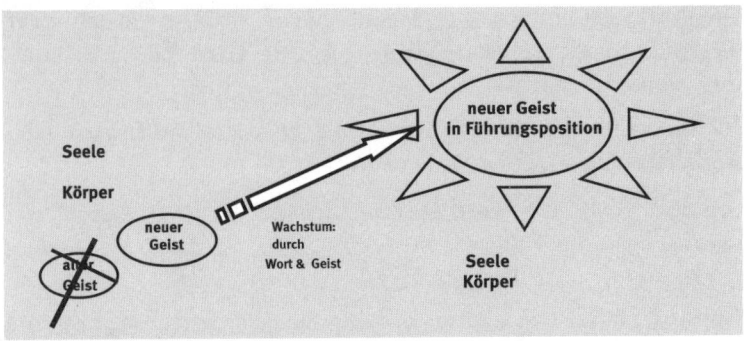

Dein neugeborener Geist soll nun die Führungsposition über deine Seele und deinen Körper übernehmen.

Deine Seele mit den Bereichen des Denkvermögens, der Gefühle und des Willens tritt von ihrer Führungsposition zurück und übergibt dem Geist die Herrschaft.

Sprich die Wahrheiten des Wortes Gottes aus

Denn mit dem Herzen wird geglaubt zur Gerechtigkeit, und mit dem Mund wird bekannt zum Heil. Römer 10,10

Das Wort „Heil" (griechisch: *soteria*) bedeutet: Wohlergehen, Gesundheit, Heil, Sicherheit.

Unser Glaube macht uns gerecht. Das Bekenntnis mit unserem Mund bringt die wohltuende, heilende und stärkende Auswirkung des Evangeliums in unser Leben. Sprich die Wahrheiten des Wortes Gottes mit deinem Mund aus. Erlebe, wie hierdurch der Glaube wächst und zu einer überwindenden Kraft in deinem Leben wird.

Überwindung

Und sie haben ihn überwunden wegen des Blutes des Lammes und wegen des Wortes ihres Zeugnisses. Offenbarung 12,11

Wenn du morgen eine Sünde begehst, sagt dein Verstand möglicherweise: Es ist ja gar nichts neu geworden – es ist noch alles beim Alten. Jetzt aber nimmst du das Wort Gottes und sagst: „Ich bin eine neue Schöpfung. Verstand, du wirst nicht über dem, was das Wort Gottes meinem Geist sagt, dominieren. Meine Gefühle werden nun nicht mehr dominieren und auch nicht die Logik eines Verstandes, welcher durch ein gottloses Leben geprägt war. Ich bin eine neue Schöpfung! Diese neue Schöpfung ist gerecht und heilig. Ich bin o.k. vor Gott!"

Herrschen über Zweifel

Du hast das Recht, ein Kind Gottes zu sein. Selbst an den Tagen, wo deine Gefühle die Tatsache der neuen Schöpfung anzweifeln würden, kannst du dich auf den Tag deiner Entscheidung berufen und sagen: „Ich habe Jesus aufgenommen. Ich habe nun das Recht, ein Kind Gottes zu sein – und ich bin es auch!" Bekenne dies dann kühn mit deinem Mund.

Ein weiterer wichtiger Schritt ist die Taufe. Die Taufe symbolisiert, dass dein alter Mensch mit Jesus begraben wurde. Durch die Erinnerung an deine Taufe kannst du dich darauf berufen und sagen: „Ich bin mit Jesus begraben worden. Dies habe ich vor der sichtbaren und unsichtbaren Welt demonstriert. Und das ist eine unumstößliche Tatsache!" Diese Tatsache hältst du gegen jeden zweifelnden Gedanken hoch.

Die Realität des Wortes Gottes wird immer mehr deine Seele durchdringen

Die Wahrheit des Wortes Gottes wird deine Seele heilen und in eine gesunde Position bringen.

Wenn wir das Wort Gottes in unseren Geist aufnehmen, dann wird die Kraft des Wortes Gottes von innen heraus unsere Seele durchdringen und von jeder ungesunden Prägung frei machen.

Wenn ihr in meinem Wort bleibt, so seid ihr wahrhaft meine Jünger; und ihr werdet die Wahrheit erkennen, und die Wahrheit wird euch frei machen. Johannes 8,31-32

Wenn deine Seele dir mitteilen möchte, dass dich keiner liebt und sich keiner um dich kümmert, dann steht du auf und proklamierst die Wahrheit. Du sagst: „Es gibt einen, der mich liebt, der für mich gestorben ist, der sein Leben für mich gab, der Wohnung in mir genommen hat! Er ist mir näher, als ich es mir vorstellen kann. Ich bin geliebt!"

Der Teufel hat schon immer das hinterfragt, was Gott gesagt hat. Unser altes Leben war von dieser Hinterfragung durchtränkt (damit sind wir verführt worden). Solange die Seele eines Menschen noch nicht erneuert ist, ist sie auf die Frage „Sollte Gott gesagt haben?" vorprogrammiert.

Doch Preis sei Gott!

Das Wort Gottes stellt deine Seele in einer prozesshaften Entwicklung wieder her. Das Wort Gottes heilt deine Seele und macht sie für ein übernatürliches Leben funktionstüchtig. Schau weg von der Unvollkommenheit deiner Seele. Vergegenwärtige dir, dass dein eigentliches SEIN, dein Geist, völlig gesund ist. Glaube, dass diese Gesundheit sich in deiner Seele manifestiert.

Sage: „Ich bin völlig gesund. Meine Seele und mein Körper werden sich dem anpassen! Durch seine Wunden bin ich geheilt!"

Das Wort Gottes – die oberste Autorität in deinem Leben

Du sagst: „Ich lasse eine Hinterfragung des Wortes Gottes nicht mehr zu! Das Wort Gottes soll nun die oberste Autorität in meinem Leben sein. Was Gott sagt, ist Wahrheit. Diese Wahrheit nehme ich für mich persönlich an und bekenne sie mit meinem Mund." Wenn wir uns Tag für Tag mit den Wahrheiten des Worte Gottes nähren, entwickelt sich eine enorme Kraft in unserem Leben. Das Geheimnis ist darin gegründet, dass das Wort Gott ist. Das Dranbleiben an dem Wort und das Wachstum im Geist wird unser Seele erneuern, heilen und fit machen. Unsere Seele wird hierdurch für ein Leben in Wohlergehen und in der Dimension Gottes befähigt.

Seelische Verletzungen – heil werden

Was ist mit den seelischen Verletzungen der Vergangenheit?
Die schlichte und ergreifende Antwort ist: Wir lassen das hinter uns, was hinter uns liegt.

Ich vergesse, was dahinten, strecke mich aber aus nach dem, was vorn ist, ... Philipper 3,13

Vor einiger Zeit hatte ich sehr früh am morgen die Symptome von starken Kopfschmerzen. Ich stieg in meinen Wagen, es war noch dunkel und die Scheiben waren gefroren. Notdürftig machte ich sie frei und fuhr los. Sogleich beschlugen die Scheiben wieder und ich versuchte angestrengt, sie beim Fahren so frei zu halten, dass ich mit dem Wagen nirgends anecken würde. Intensiv konzentrierte ich mich auf diese herausfordernde Situation. (Bitte nicht nachmachen!) Als das Gebläse des Wagens die Scheibe schließlich enteist hatte und die Sicht frei war, stellte ich plötzlich fest, dass ich gar keinen Kopfschmerz mehr spürte. Ich hatte den Kopfschmerz, ohne mir dessen bewusst zu sein, während der ganzen Aktion nicht gespürt. Ich kann also gar nicht genau sagen, wann er verschwand.

Diese kleine Story ist zwar nur ein simpler Vergleich, kann uns aber etwas verdeutlichen. Wenn wir uns auf etwas Wichtiges konzentrieren, werden wir das weniger Wichtige gar nicht bemerken.

Wenn wir uns auf die vollbrachte Erlösung konzentrieren, wird Gott sich um eine Manifestation der Heilung unserer Seele und unseres Körpers kümmern. In der Erlösung ist alles inklusive enthalten.

Fokussiere dich nach vorn – auf die Wahrheit.

Gott gab uns davon im Alten Testament ein Bild. Zu dem Zeitpunkt, als die Israeliten von giftigen Schlangen gebissen worden waren, sollten sie auf eine „erhöhte Schlange" blicken und somit Heilung erfahren. Dies ist ein Bild für Jesus und den Blick auf die von ihm vollbrachte völlige Erlösung!

Veränderung in das Bild Jesu

Durch das Dranbleiben am Wort Gottes wird das Wesen Jesu, welches in deinem Geist wohnt, nun auch deine Seele durchdringen. Das Denken, Fühlen und Wollen deiner Seele wird nun in das Denken, Fühlen und Wollen Christi umgestaltet werden. Durch die Gemeinschaft mit Wort und Geist wird auch deine Seele mit dem Wesen Christi verschmelzen. Der auferstandene Christus wird ungebrochen aus dir herausleuchten.

Wenn dies noch nicht in einem umfassenden Maße geschieht, ändert dies nichts an deiner Gerechtigkeit. Die neue Schöpfung, dein eigentliches SEIN, ist gerecht.

Umgestaltet werden in sein Bild

Infolge eines Wachstumsprozesses werden wir in das Bild Jesu umgestaltet.

Wir alle aber schauen mit aufgedecktem Angesicht die Herrlichkeit des Herrn an und werden so verwandelt in dasselbe Bild von Herrlichkeit zu Herrlichkeit, wie es vom Herrn, dem Geist, geschieht. 2. Korinther 3,18

Unser Geist wächst durch das Wort und durch den Geist Gottes. Der Christus in uns nimmt Gestalt an.

Meine Kinder, um die ich abermals Geburtswehen erleide, bis Christus in euch Gestalt gewonnen hat … Galater 4,19

Zudem wird unsere Seele geheilt und umgestaltet, so dass die Gesamtheit unseres Lebens Christus repräsentiert und verkörpert.

Geliebte, jetzt sind wir Kinder Gottes, und es ist noch nicht offenbar geworden, was wir sein werden; wir wissen, dass wir, wenn es offenbar werden wird, ihm gleich sein werden, denn wir werden ihn sehen, wie er ist. 1. Johannes 3,2

Merke:
- Das Wort ist Gott.
- Nähre deinen Geist mit dem Wort Gottes.
- Denk das Wort, sprich das Wort und lebe das Wort.
- Das Wort gestaltet dich in das Bild Jesu um.

KAPITEL 7

DIE KRAFT DES HEILIGEN GEISTES

Gott offenbart sich in der Dreieinigkeit: dem Vater, dem Sohn und dem Heiligen Geist.

Als Gott diese Erde schuf, kreierte er sie aus dieser Gemeinschaft heraus. Deshalb heißt es: „Lasst uns Menschen machen."

Der Heilige Geist brütete über den Wassern.

Gott der Vater sprach.

Jesus, das Wort Gottes, brachte die Dinge in das Sichtbare.

So wurde diese Erde geschaffen.

Der von neuem Geborene ist ebenfalls aus Wort Gottes und Heiligem Geist geboren worden. Die Person des Heiligen Geistes nimmt am Tag der neuen Geburt in dem Gläubigen Wohnung.

Gleichsam hat der Heilige Geist ganz gewisse Funktionen, welche ihm der Vater für die Zeit zugedacht hat, während wir auf dieser Erde leben.

Der Heilige Geist ist „Gott – gegenwärtig". Er transportiert die manifeste Gegenwart Gottes zu uns und erleuchtet uns. Durch ihn können wir in unserem Geist die Dinge erkennen und erfassen, die uns von Gott geschenkt worden sind. Der Heilige Geist ist „Gott – in der Verbindung zu uns Menschen". Er ist „Gott – in der Berührung zu uns".

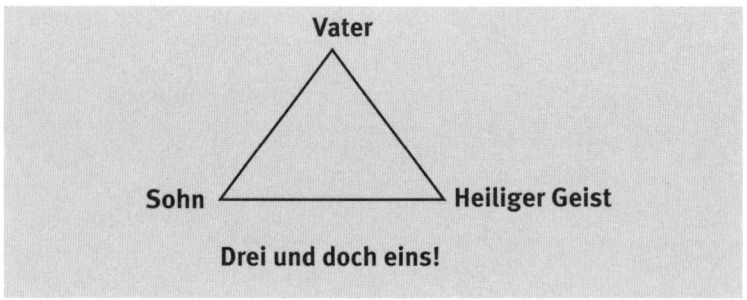

Vater

Sohn — Heiliger Geist

Drei und doch eins!

Der Heilige Geist, unser Freund und Unterstützer

Der Heilige Geist ist eine Person. So wie auch Gott der Vater und sein Sohn Jesus eine Person sind. Jesus hat ihn uns als Freund, Beistand und Begleiter hinterlassen.

Jesus sagte:

Ich werde den Vater bitten, und er wird euch einen anderen Beistand geben, dass er bei euch sei in Ewigkeit, den Geist der Wahrheit, den die Welt nicht empfangen kann, weil sie ihn nicht sieht noch ihn kennt. Ihr kennt ihn, denn er bleibt bei euch und wird in euch sein. Ich werde euch nicht verwaist zurücklassen, ich komme zu euch. Johannes 14,16-18

Die Präsens Jesu Christi kommt durch den Heiligen Geist in unser Leben. Der Heilige Geist ist Gott in uns. Er ist unser Unterstützer, der uns ermutigt. Er ist unser Tröster und Beistand. Er führt uns. Er ermahnt uns. Er ist unser bester Freund.

Der Beistand aber, der Heilige Geist, den der Vater senden wird in meinem Namen, der wird euch alles lehren und euch an alles erinnern, was ich euch gesagt habe. Johannes 14,26

Der Heilige Geist leitet uns in die Realität (Wahrheit) der göttlichen Dinge hinein. Er vermittelt uns die verschiedenen Aspekte der Herrlichkeit Jesu Christi. Er baut das Wort, welches wir aufnehmen, in unseren Geist und in unser gesamtes Leben hinein.

Wenn aber jener, der Geist der Wahrheit, gekommen ist, wird er euch in die ganze Wahrheit leiten; denn er wird nicht aus sich selbst reden, sondern was er hören wird, wird er reden, und das Kommende wird er euch verkündigen.

Er wird mich verherrlichen, denn von dem Meinen wird er nehmen und euch verkündigen [mitteilen, vermitteln]. Johannes 16,13-14

Wie wunderbar ist es, wenn wir es lernen, in der Gemeinschaft des Heiligen Geistes zu leben. Gemeinschaft bedeutet Austausch, Mitteilen, miteinander zu leben und zusammen den Weg zu gehen. Gott ist Geist und vermittelt das, was er uns gibt, in unseren Geist hinein.

Die Gnade unseres Herrn Jesus Christus sei in eurem Geist! Galater 6,18

Dies erfolgt in Form eines inneren „Wissens". Es ist eine „Gewissheit" von Dingen, die wir nicht sehen können.

Der Heilige Geist nimmt das Wort Gottes und gibt uns darüber eine Herzensoffenbarung. Dies ist ein inneres Aufleuchten; ein „Aha-Erlebnis" in dem Innersten unseres SEINS; etwas, worauf wir uns völlig verlassen können. Es ist gleichsam ein Friede, der unser Herz und schließlich auch unser Denken erfüllt.

Das Beten im Geist

Oftmals wissen wir nicht, was wir genau beten sollen. Hier kommt der Heilige Geist uns zu Hilfe und inspiriert unseren Geist zu beten. Wir nennen dieses Gebet: „Beten im Geist".

Paulus sagt:

Was ist nun? Ich will beten mit dem Geist, aber ich will auch beten mit dem Verstand; ich will lobsingen mit dem Geist, aber ich will auch lobsingen mit dem Verstand. 1. Korinther 14,15

Es ist ein Sprache unseres neuen Geistes. Es ist ein Beten in einer direkten Online-Schaltung zu Gott hin.

Denn wer in einer Sprache redet, redet nicht zu Menschen, sondern zu Gott; denn niemand versteht es, im Geist aber redet er Geheimnisse. 1. Korinther 14,2

Dieses Gebet kann Lobpreis oder Anbetung beinhalten. Es kann jedoch auch eine Fürbitte sein. Wir stellen uns einfach Gott zur Verfügung, so dass er, was immer er möchte, durch uns hindurch beten kann. Unser Leben wird somit zu einem „Bethaus" Gottes.

Denn mein Haus wird ein Bethaus genannt werden für alle Völker. Jesaja 56,7

Oftmals wird dieses Beten im Geist freigesetzt, wenn Menschen mit dem Heiligen Geist erfüllt werden. Aus der Fülle des Herzens redet der Mund (Lukas 6,45).

Die Gaben des Heiligen Geistes

Im 1. Korintherbrief werden verschiedene Gaben des Heiligen Geistes beschrieben:

Es gibt aber Verschiedenheiten von Gnadengaben, aber es ist derselbe Geist; ... 1. Korinther 12,4

Das griechische Wort *charisma* – hier übersetzt mit Gnadengabe – kann auch „Gnaden-Wirkung" übersetzt werden. Es ist eine Wirkung des Heiligen Geistes in uns und durch uns. Der Heilige Geist offenbart unserem Geist Dinge, die wir vorher nicht kannten. Dieses Aufdecken des vorher nicht Bekannten nennt die Bibel auch „Offenbarung". Etwas was vorher verdeckt und unbekannt war, leuchtet auf, wird aufgedeckt und wird uns zur Gewissheit.

Jedem aber wird die Offenbarung des Geistes zum Nutzen gegeben. 1. Korinther 12,7

Dies kann in Form eines inneren „Eindrucks" oder „Wissens" geschehen. Ein anderes Mal kann es ein Bild sein, das man vor seinem inneren Auge sieht. Dieses innere Wissen ist vergleichbar mit dem inneren Wissen, welches du bei deiner Wiedergeburt empfangen hast, als du auf einmal wusstest, dass du nun ein Kind Gottes bist. Auf dieser Ebene innerer Gewissheit will der Heilige Geist unser Begleiter und Freund sein. Mit ihm dürfen wir alle Dinge besprechen und Rat vom ihm beziehen.

Denn so viele durch den Geist Gottes geleitet werden, die sind Söhne Gottes. Römer 8,14

Für den Dienst

Die Charismen sind zu unserer persönlichen Lebensführung, zur Auferbauung anderer und für die Erfüllung des Dienstes, in den Gott uns stellt, gedacht.

Es gibt aber Verschiedenheiten von Gnadengaben, aber es ist derselbe Geist; und es gibt Verschiedenheiten von Diensten, und es ist derselbe Herr; ... 1. Korinther 12,4-5

Es gibt Verschiedenheiten von Charismen – und Verschiedenheiten von Diensten. Gott befähigt zu den Diensten, zu welchen er uns beruft, mit den übernatürlichen Gaben seines Geistes. Sowohl Offenbarungsgaben als auch wunderwirkende Gaben und Heilungsgaben sind in dem Paket Gottes enthalten wie wir in 1. Korinther 12,8-10 nachlesen können: „Wort der Weisheit", „Wort der Erkenntnis", „Gabe des Glaubens", „Gnadengaben der Heilungen", „Wunderwirkungen", „Weissagung", „Unterscheidungen der Geister", „verschiedene Arten von Sprachen", „Auslegung der Sprachen".

Salbung – auf und in uns

Im Alten Testament sehen wir, wie Könige, Priester und Propheten von Gott gesalbt wurden, um in göttlicher Kraft und Vollmacht ihren Dienst tun zu können.

Der Begriff „Salbung" im Hebräischen kann auch mit „Portion" übersetzt werden. Somit ist Salbung eine gewisse Portion aus der Gesamtherrlichkeit Gottes. Die gesamte Herrlichkeit Gottes ist unermesslich und unvorstellbar groß. Kein Mensch könnte das volle Maß seiner Herrlichkeit in seinem irdischen Körper verkraften. Gott gießt aber eine gewisse Portion seiner Herrlichkeit auf Menschen aus. Diese Portion aus seiner Herrlichkeit ist immer dazu gedacht, uns für den Dienst zu befähigen.

Was es im Alten Testament nicht gab, ist, dass Gott zusätzlich seine Salbung in uns hineingibt.

Und ihr habt die Salbung von dem Heiligen und habt alle das Wissen. Und ihr! Die Salbung, die ihr von ihm empfangen habt, bleibt in euch, und ihr habt nicht nötig, dass euch jemand belehre, sondern wie seine Salbung euch über alles belehrt, so ist es auch wahr und keine Lüge. Und wie sie euch belehrt hat, so bleibt in ihm! 1. Johannes 2,20.27

Die Salbung in uns ist die Zuteilung aus Gottes Herrlichkeit in unseren Geist. Durch die Gemeinschaft mit dem Heiligen Geist und das Dranbleiben an dem Wort Gottes nimmt die Herrlichkeit Jesu Christi in uns zu. Das Christusleben nimmt Gestalt in uns an.

Die Salbung auf einem Menschen kann unabhängig von seinem Charakter sein. Es ist ein Gnadenwirken Gottes zu einem bestimmten Augenblick für einen bestimmten Zweck. Die Salbung in einem Menschen hat mit der Umgestaltung seines inneren Wesens und seines Charakters zu tun. Christus scheint aus einer solchen Person heraus. Dies ist ein Prozess des Wachstums gemäß dem, wie sehr wir dem Wort Gottes und dem Heiligen Geist in unserem Leben Raum geben.

Erfüllt werden vom Heiligen Geist – Trinken vom Heiligen Geist

Und sie wurden alle mit Heiligem Geist erfüllt und fingen an, in anderen Sprachen zu reden, wie der Geist ihnen gab auszusprechen. Apostelgeschichte 2,4

Pfingsten war die Geburtsstätte der Gemeinde Jesu Christi. Hier wurden die Jünger Jesu in das neue Leben hineingetauft. Gleichsam wurden sie mit dem Heiligen Geist erfüllt. Aber auch später lesen wir davon, dass sie wiederholt und erneut von dem Heiligen Geist erfüllt wurden.

Und als sie gebetet hatten, bewegte sich die Stätte, wo sie versammelt waren: und sie wurden alle mit dem Heiligen Geist erfüllt und redeten das Wort Gottes mit Freimütigkeit. Apostelgeschichte 4,31

Paulus ermutigt dazu, immer wieder neu von dem Heiligen Geist erfüllt zu werden.

... werdet voller Geist, indem ihr zueinander in Psalmen und Lobliedern und geistlichen Liedern redet und dem Herrn mit eurem Herzen singt und spielt! Epheser 5,18-19

Dieser Zustrom des Geistes inspiriert, beflügelt, belebt und stärkt einen Menschen. Es lässt das Leben Gottes in uns pulsieren.

Paulus zeigt einen Weg auf, wie dies funktionieren kann: indem man für sich selbst (griechisch: *heauto*) oder untereinander im Geist singt, anbetet, Gott lobt und preist.

Was geschieht, wenn wir mit dem Heiligen Geist erfüllt werden?

Unser Geist wird getränkt von Gottes Geist, und unser ganzes „SEIN" kommt unter den Einfluss des Geistes. Man merkt plötzlich, wie das, was man tut, viel einfacher von der Hand geht. Man wird von göttlicher Kraft beflügelt: Es beflügelt uns, das Wort Gottes zu verkündigen und Erfahrungen mit Jesus weiterzugeben. Zudem beflügelt es uns auch bei den sonstigen alltäglichen Beschäftigungen und Geschäften des Alltags.

Wenn du täglich neu vom Heiligen Geist erfüllt wirst, erfährst du, wie regelrecht „Ströme" der Gegenwart Gottes von dir ausgehen. Es bewirkt eine besondere Ausstrahlung – ein buchstäblich göttliches „Charisma".

Wer aber von dem Wasser trinken wird, das ich ihm geben werde, den wird nicht dürsten in Ewigkeit; sondern das Wasser, das ich ihm geben werde, wird in ihm eine Quelle Wassers werden, das ins ewige Leben quillt. Johannes 4,14

Wer an mich glaubt, wie die Schrift gesagt hat, aus seinem Leibe werden Ströme lebendigen Wassers fließen. Dies aber sagte er von dem Geist, den die empfangen sollten, die an ihn glaubten. Johannes 7,38-39

Interessanterweise gebraucht Jesus hier das Wort „trinken".

Der Heilige Geist ist zwar eine Person. Wir können aber gleichsam von ihm „nehmen", und dies wird mit „Trinken" verglichen. Es ist ein bewusstes Zu-sich-Nehmen von Gottes Herrlichkeit. Der innere Mensch trinkt von dem Heiligen Geist. Dies kann man bewusst lernen und kultivieren.

Zu Pfingsten waren die Jünger so voll Heiligen Geistes, dass ihre Trunkenheit sich sogar äußerlich manifestierte. Beobachter dachten, sie wäre betrunken, und spotteten.

So lange sind wir von den Dingen dieser Welt „voll" gewesen. Es wird Zeit, dass wir „voll Heiligen Geistes" werden. Zu lang waren wir „trunken von den Denkweisen dieser Welt". Es wird Zeit, dass wir „trunken vom Heiligen Geist" werden.

Wir dürfen durch Gottes Geist von einem starken und realen Bewusstsein über die Gegenwart Gottes erfüllt werden. Gott und seine Herrlichkeit werden uns dann realer als alles andere auf dieser Welt. Die Realität der Welt Gottes wird anfangen, über der Realität der sichtbaren Welt zu triumphieren.

Gott öffnet uns so die Augen unseres Herzens, um in seine Dimension hineinzuschauen und aus seiner Herrlichkeit zu schöpfen.

Äußere Manifestationen

Eine solche „Trunkenheit im Geist" kann sich auch in einer äußeren Art von „Trunkenheit" äußern. So gibt es Zeiten, wo wir ganz persönlich in Gottes Gegenwart sind und er uns füllt bzw. sein veränderndes Werk an uns wirkt.

Denn sei es, dass wir außer uns waren, so waren wir es für Gott; sei es, dass wir vernünftig sind, so sind wir es für euch. 2. Korinther 5,13

Danach gehen wir von Gott neu berührt und gestärkt unseren Weg, um den Auftrag zu erfüllen, welchen er uns gegeben hat.

Wenn Gottes Geist an einem Menschen wirkt, kann dies zu verschiedenen körperlichen Reaktionen führen. Äußere Reaktionen auf die

Kraft Gottes, wie „Umfallen", „Lachen im Geist", „Zittern" etc., sollten als normale Begleiterscheinungen eingestuft werden. Wenn eine Person ihren Finger an eine 220-Volt-Leitung halten würde und dann anfinge zu zittern, würden wir das auch nicht als außergewöhnlich bezeichnen. Bei der Kraft Gottes geht es um mehr als 220 Volt. Es geht um seine ewige Kraft.

Fallen unter der Kraft Gottes

Einige Bibelstellen zu dem Fallen unter der Kraft Gottes:

„Da fiel Abram auf sein Angesicht, und Gott redete mit ihm und sprach ..." 1. Mose 17,3

Und Mose und Aaron gingen von der Versammlung fort zum Eingang des Zeltes der Begegnung und fielen auf ihr Angesicht nieder; und die Herrlichkeit des HERRN erschien ihnen. 4. Mose 20,6

Und die Priester konnten wegen der Wolke nicht hinzutreten, um den Dienst zu verrichten. Denn die Herrlichkeit des HERRN erfüllte das Haus Gottes. 2. Chronik 5,14

Wörtlich: Und die Priester „waren nicht in der Lage stehen zu bleiben" (hinzutreten), um den Dienst zu verrichten.

Johannes auf der Insel Patmos:

Ich war an des Herrn Tag im Geist, und ich hörte hinter mir eine laute Stimme wie von einer Posaune, ...
Und als ich ihn sah, fiel ich zu seinen Füßen wie tot. Und er legte seine Rechte auf mich und sprach: Fürchte dich nicht! Ich bin der Erste und der Letzte ... Offenbarung 1,10.17

Während man im Geist ruht, bleibt man völlig bei Bewusstsein. Es ist wie bei einem Tagtraum. Einige bekommen, während sie im Geist ruhen, kreative Ideen bezüglich ihres Dienstes oder ihrer Arbeit. Andere empfinden nur die Gegenwart Gottes und nehmen im Glauben wahr, dass Gott etwas an ihren Herzen tut. Manchmal machen sie Tage später die Erfahrung, dass Ideen Gottes der Weisheit oder der Kreativität in ihnen zum Vorschein kommen. All dies resultiert aus ihrer Zeit in der manifesten Gegenwart Gottes.

Lachen im Geist

Lachen ist ein Ausdruck von großer Freude.

Die Jünger aber wurden mit Freude und Heiligem Geist erfüllt. Apostelgeschichte 13,52

Wenn sich der Heilige Geist manifestiert, dann kommt ein überschwänglicher, unübertrefflicher Überfluss an Freude auf.

Da wurde unser Mund voll Lachen und unsere Zunge voll Jubel. Da sagte man unter den Nationen: „Der HERR hat Großes an ihnen getan!" Psalm 126,2

Wenn nun der Heilige Geist mit seiner Freude auf uns kommt, so äußert sich unser innerer Mensch mit Freude. Wir lachen also im Geist. Es gibt im Prinzip keine besonders lustige Sache, über die man lacht. Es ist einfach ein „Erfülltwerden" mit der Freude des Heiligen Geistes und ein „Erquicktwerden" in Gott.

Wer „im Geist lacht", der bemerkt, dass dies auf der gleichen Ebene stattfindet, wie das Beten oder Singen im Geist. Es kommt nicht aus dem Verstand, sondern aus dem Innersten unseres SEINS. „Ströme lebendigen Wassers werden aus unserem Inneren fließen", wenn wir von dem Heiligen Geist getrunken haben. Diese Freude an Jesus sprudelt lebendig und frisch aus uns heraus. Ein anderes Mal fließen diese Ströme, indem wir das Wort Gottes verkündigen, lehren, weissagen oder Zeugnis geben.

  Wir sollten die fühlbare äußere Erfahrung nicht gegen die innere Erfahrung ausspielen. Das letztendlich Wichtige ist die bleibende Frucht – also die innere Erfahrung.

Aber Gott wirkt auch in das Sichtbare hinein. Gott sandte seinen Sohn in das Sichtbare. Die Salbung, welche auf Jesus war, war eine fühlbare, sichtbare Salbung, welche in die sichtbare Welt hineinwirkte und nicht nur ewige und somit unsichtbare Güter vermittelte. Gott wirkt in die sichtbare Welt hinein. Seine Kraft ist nicht nur im Geist, sondern auch in der Seele und im Köper spürbar.

Eintreten in die Dimension des Geistes

Gott ist Geist, und die ihn anbeten, müssen in Geist und Wahrheit anbeten. Johannes 4,24

Gott ist Geist. So begegnen wir ihm von Geist zu Geist. Wir beten ihn im Geist an. Anbetung ist ein guter „Anmarschweg", um in die Dimension des Geistes hineinzukommen und um die Wirksamkeit des Heiligen Geistes zu erleben. Anbetung geschieht unterstützt durch den Heiligen Geist und sensibilisiert uns für die Dimension des Geistes. Während wir im Geist singen und durch den Heiligen Geist inspiriert anbeten, werden wir mit dem Geist Gottes erfüllt. Wir schauen dabei im Geist die Herrlichkeit des Herrn an und werden so von ihm umgestaltet.

Wir alle aber schauen mit aufgedecktem Angesicht die Herrlichkeit des Herrn an und werden so verwandelt in dasselbe Bild von Herrlichkeit zu Herrlichkeit, wie es vom Herrn, dem Geist, geschieht. 2. Korinther 3,18

Merke:

• Der Heilige Geist ist unser Freund, Beistand und Begleiter.
• Übernatürliche Gaben Gottes (Charismen) sind mit im Paket.
• Trinke täglich vom Heiligen Geist und lebe in seiner Fülle.
• Ströme lebendigen Wassers fließen von dir.

KAPITEL 8

EIN LEBEN DES SIEGES

Satan hat keine Macht mehr über deinem Leben

... er hat die Gewalten und die Mächte [exousia] völlig entwaffnet [= entkleidet] und sie öffentlich zur Schau gestellt. In ihm hat er den Triumph über sie gehalten. Kolosser 2,15

Der Teufel ist ein besiegter Feind.

Das griechische Wort *exousia* bedeutet: Autorität, die Freiheit bzw. das Recht zu handeln und zu verfügen. Diese Macht ist Satan durch die Erlösung völlig genommen worden.

Das Wort Gottes knüpft an eine damalige Praxis an, bei der die besiegten Feinde von dem Sieger gebunden und nackt zum Schauspiel für alle ins Schlepptau genommen wurden. Satan ist entwaffnet und entmachtet worden. Alle Macht gehört nun Jesus Christus und somit denen, welche mit ihm zu einer neuen Schöpfung auferstanden sind.

In Jesus hast du Macht und Autorität bekommen

Und alles hat er seinen Füßen unterworfen und ihn als Haupt über alles der Gemeinde gegeben, ... Epheser 1,22

Mir ist alle Macht [exousia] gegeben im Himmel und auf Erden. Matthäus 28,18

Siehe, ich habe euch die Macht gegeben, auf Schlangen und Skorpione zu treten, und über die ganze Kraft des Feindes, und nichts soll euch schaden. Lukas 10,19

In Jesus hast du Macht und Autorität über das Böse bekommen. Du kannst im Namen Jesus über Sünde herrschen. Du kannst im Namen Jesus über die Machenschaften Satans herrschen. Ihm wurde alle Macht genommen. Dir wurde hingegen die Autorität gegeben, in dem Namen Jesu zu handeln. Wenn du Satan keinen Raum gibst, dann hat er keine Chance!

Du bist frei!

Du machst dir bewusst, wovon Jesus dich frei gemacht hat.

Das Wort Gottes dokumentiert uns, dass wir als neue Schöpfung von allem frei gemacht worden sind, was jemals durch Sünde oder den Sündenfall in diese Welt gekommen ist.

Weil Jesus dich nun von aller Sünde frei gemacht hat, hat er dich auch von allen Folgeerscheinungen der Sünde befreit.

Lass das Wort Gottes, welche diese Wahrheit zum Ausdruck bringt, reichlich in deinen Geist hinein, bis es zu einer Herzensoffenbarung in dir wird. Die so erkannte Wahrheit setzt dich völlig frei.

... und ihr werdet die Wahrheit erkennen, und die Wahrheit wird euch frei machen. Johannes 8,32

Wenn nun der Sohn euch frei machen wird, so werdet ihr wirklich frei sein. Johannes 8,36

Jesus formulierte „frei machen wird", weil er dies vor dem Erlösungswerk als Prophetie seinen Jüngern weitergab.

Nach dem Erlösungswerk gilt:

In ihm haben wir die Erlösung durch sein Blut, ... Epheser 1,7

Wir haben die Erlösung! Sie ist vor 2000 Jahren geschehen.

Somit bist du:

Frei von jeder Art von Flüchen.

Frei von der Sünde.

Frei von jedem Zwang und jeglicher Einengung oder Begrenzung.

Frei von allen Folgeerscheinungen der Sünde.

Die neue Schöpfung kennt keinen Sündenfall. Die neue Schöpfung hat Sünde nie geschmeckt. Du bist frei von der Sünde und von einem Sündenbewusstsein. Du kannst nun im Leben herrschen. Alle Dinge sind dir möglich.

Jesus aber sprach zu ihm: Wenn du das kannst? Dem Glaubenden ist alles möglich. Markus 9,23

Die Kraft der Entscheidung

Gott hat uns die Kraft der Entscheidung gegeben. Wir können wählen zwischen einem natürlichen Leben entfernt von Gott oder einem göttlichen Leben in seiner Lebenskraft und Dimension. Diese beiden Arten von Leben können nicht miteinander vermischt werden. Sie vertragen sich nicht. Entweder leben wir im Licht oder in der Finsternis.

Busse bedeutet Umdenken. Wir wenden uns von der Finsternis, der Denkweise der Finsternis und dem dazugehörenden Leben ab. Gleichsam wenden wir uns dem Licht Gottes, seinem Denken und dem dazugehörenden Leben zu.

Das Wort Gottes gibt uns Unterscheidungsvermögen

Gottes Wort trennt Licht von Finsternis, es gibt uns eine klare Unterscheidung von dem, was böse ist, und von dem, was gut ist. Du hast dich nun von allem Bösen losgesagt und entschieden, den guten Weg Gottes zu gehen. Du selbst bist aus dem Guten gemacht worden. Du bist aus Gott! Du bist also frei vom Bösen. Du hast allem Bösen entsagt.

... sondern wir haben den geheimen Dingen, deren man sich schämen muss, entsagt ... 2. Korinther 4,2

Du verabscheust das Böse und hältst am Guten fest

Verabscheut das Böse, haltet fest am Guten! Römer 12,9

Lass dich nicht vom Bösen überwinden, sondern überwinde das Böse mit dem Guten! Römer 12,21

Denn wer das Leben lieben und gute Tage sehen will, der halte Zunge und Lippen vom Bösen zurück, dass sie nicht Trug reden; er wende sich ab vom Bösen und tue Gutes; er suche Frieden und jage ihm nach! 1. Petrus 3,10-11

Eine solche Entscheidung hast du grundsätzlich bei deiner Wiedergeburt getroffen. Du stehst zu dieser Entscheidung und bekräftigst sie, indem du das Richtige tust, nämlich das Wort Gottes auslebst.

Dinge in Ordnung bringen

Oftmals haben Menschen, die gerade von neuem geboren worden sind, das Bedürfnis, Dinge aus ihrer Vergangenheit in Ordnung zu bringen. Sie möchten zum Beispiel Gestohlenes zurückbringen, sich für falsches Verhalten entschuldigen usw. Dieses Empfinden muss frei von einem schlechten Gewissen sein. Ein schlechtes Gewissen brauchst du nicht mehr zu haben, weil dir alle Sünden vergeben sind und der „alte Mensch", welcher sie getan hat, mit Jesus gestorben ist. Du bist eine neue Schöpfung! Wenn also – frei von jeglichem schlechten Gewissen – das Anliegen in dir aufsteigt, Dinge in Ordnung zu bringen, dann kannst du wissen, dass dies eine Regung des Heiligen Geistes ist. Mit einem guten Gewissen gehst du nun zu denen hin, zu welchen dich der Heilige Geist führt, und bringst das in Ordnung, was in Ordnung zu bringen ist. Der Grund, warum der Heilige Geist auf diese Weise führt, ist vielfältig. Zum einen kommen Licht und Klarheit in unser Lebensumfeld. Zum anderen haben wir die phantastische Möglichkeit, von dem, was Jesus in und an uns getan hat, anderen weiterzuerzählen.

In göttlicher Ordnung leben

In deinem neuen Leben wird der Heilige Geist dich führen und leiten. Die Atmosphäre, welche mit ihm kommt, hat immer mit einem tiefen Frieden und mit großer Freude zu tun. Der Heilige Geist wird dein Leben ordnen. Wenn du einen Fehler begehst, wird er dich korrigieren und dazu leiten, für diesen Fehler Verantwortung zu übernehmen. Sobald du einen Fehler erkennst, bittest du Gott um Vergebung, denkst um und handelst nach dem, was richtig ist.

Du bist Gottes Gerechtigkeit. Verdammnisgefühle sind dir fremd. Tauchen trotzdem Verdammnisgefühle auf, so sind dies Regungen einer noch nicht erneuerten Seele. Du brauchst dir darüber keine Gedanken zu machen. Deine Seele erfährt einen Erneuerungsprozess und hat sich der wohltuenden Wahrheit des Wortes Gottes unterzuordnen. Falls also solche negativen Gefühle aufkommen sollten, bekennst du das Wort Gottes: „Also gibt es jetzt keine Verdammnis für die, die in Christus Jesus sind" (Römer 8,1). Lamentiere Fehlern also nicht hinterher. Wende dich einfach von ihnen ab und tue das, was richtig ist.

Angriffe des Teufels

Der Teufel versucht durch Gedanken und Emotionen an Menschen heranzutreten. Du sollst wissen, dass er ein Lügner ist. Filtere einfach deine Gedanken gemäß dem, was das Wort Gottes sagt. Je mehr das Wort Gottes in dir wohnt, umso mehr geschieht diese Ausfilterung automatisch. Du wirst durch den Heiligen Geist an Worte Gottes erinnert, und schon werden Lügengedanken entlarvt. Solche Lügengedanken mögen in Richtung Ängste, Zweifel, Ärger oder auch Sünde gehen. Diese Gedanken schmeißt du einfach im Namen Jesus raus. Gedankenvorstellungen in Form von negativen Bildern schmeißt du aus deinen Gedanken, so wie man früher ein Dia aus einem Diaprojektor herausgenommen hat. Du sagst: „Diesen Gedanken will ich nicht denken – hau ab!" Auf diese Weise herrschst du über deinen Denksinn und betreibst mentale Hygiene.

Du lernst es, Autorität über deine Gedankenwelt zu nehmen. Die Gefühle werden dementsprechend nachziehen und sich dem Flair Gottes in Richtung Friede und Freude anpassen.

Unterordnet euch Gott! Widersteht aber dem Teufel! Und er wird von euch fliehen. Jakobus 4,7

Bei alledem ergreift den Schild des Glaubens, mit dem ihr alle feurigen Pfeile des Bösen auslöschen könnt! Epheser 6,16

Der Versuch Satans, Machtansprüche zu erheben

Seid nüchtern, wacht! Euer Widersacher, der Teufel, geht umher wie ein brüllender Löwe und sucht, wen er verschlingen kann. Dem widersteht standhaft durch den Glauben, da ihr wisst, dass dieselben Leiden sich an eurer Bruderschaft in der Welt vollziehen! 1. Petrus 5,8-9

Wenn nun Satan irgendwelche Machtansprüche an dich richten möchte, so sollst du wissen, dass er keine Macht mehr über dich hat. Er mag diese Machtansprüche durch Angriffe behaupten wollen. Doch nun kannst du in Kühnheit aufstehen und dich auf deine Erlösung berufen.

Dies alles macht uns stark

Anfechtungen und Widerstände machen uns geistlich stark.

Haltet es für lauter Freude, meine Brüder, wenn ihr in mancherlei Versuchungen geratet, indem ihr erkennt, dass die Bewährung eures Glaubens Ausharren bewirkt. Das Ausharren aber soll ein vollkommenes Werk haben, damit ihr vollkommen und vollendet seid und in nichts Mangel habt. Jakobus 1,2-4

... wenn wir ausharren, werden wir auch mitherrschen; ...
2. Timotheus 2,12

Denn Ausharren habt ihr nötig, damit ihr, nachdem ihr den Willen Gottes getan habt, die Verheißung davontragt. Hebräer 10,36

Der Finsternis entsagen

Wenn Menschen zuvor in Okkultsünden wie Zauberei, Magie etc. gelebt haben, kann es durchaus sein, dass Satan versucht, besondere Machtansprüche zu erheben. In diesem Fall empfehle ich das Gebet mit einem glaubenserfüllten Gebetspartner. Man sollte sich bewusst von jeder Art okkulter Praktiken lösen und Satan ein für alle Mal in seine Schranken weisen.

Tiefgreifende Befreiung geschieht durch eine tiefgreifende Busse. Menschen, die sich mit ganzem Herzen von ihren Sünden abwenden, werden Gottes befreiende Kraft spontan und durchgreifend erleben.

Wenn Leute in der Gemeindepraxis freisetzendes Gebet in dieser Richtung suchen, dann geben wir ihnen, wenn sie wollen, eine Liste von bekannten Okkultpraktiken wie auch eine Liste von markanten Fehlhaltungen und Sünden.

Der Grund dafür ist, dass manche Menschen am Anfang ihres Glaubens noch kein sehr ausgeprägtes Bewusstsein von dem haben, was Sünde überhaupt ist. Wohlgemerkt, es geht bei diesem Schritt nicht um das Thema der Vergebung von Sünde. Das Thema der Vergebung ist durch die Wiedergeburt bereits geklärt. Jetzt geht es um eine Hilfestellung, damit das Bewusstsein des Einzelnen in Bezug auf eine völlige Erlösung gestärkt wird. Er kann sich selbst bewusst machen, dass er sich von allem, was mit Sünde und Satan zu tun hat, losgelöst hat. Anhand einer solchen Liste kann derjenige sich konkret von den einzelnen Praktiken lossagen und sich im Glauben auf den Boden der völligen Freisetzung stellen. Das begleitende Gebet im Namen Jesus wird Satan ein für alle Mal in seine Schranken weisen und die Person freisetzen.

Wichtig für ein Leben in Gottes neuer Dimension ist eine tiefgreifende Busse, ein grundsätzlicher Bruch mit den begangenen Sünden und eine kühne Entschlossenheit, dem Teufel keinen Raum mehr zu geben.

Gib dem Teufel keinen Raum

Wenn wir verstanden haben, dass die Sünde einen satanischen Ursprung hat und von Satans Wesen infiziert ist, dann entwickeln wir in unserem Geist eine starke Abneigung gegen sie. Nicht gegen Menschen, die in Sünde leben, sondern gegen die Sünde als solche. Somit werden wir bestrebt sein, der Sünde und dem Teufel keinen Raum mehr zu geben. Du bist eine neue Schöpfung. Dein innerer Mensch hat mit Sünde nichts mehr zu tun, und er will auch mit Sünde nichts mehr zu tun haben.

... gebt dem Teufel keinen Raum!

Wer gestohlen hat, stehle nicht mehr, sondern mühe sich vielmehr und wirke mit seinen Händen das Gute, damit er dem Bedürftigen etwas mitzugeben habe!

Kein faules Wort komme aus eurem Mund, sondern nur eins, das gut ist zur notwendigen Erbauung, damit es den Hörenden Gnade gebe!

Und betrübt nicht den Heiligen Geist Gottes, mit dem ihr versiegelt worden seid auf den Tag der Erlösung hin! Epheser 4,27-30

Herrschen über die Sünde

Wenn dir also ein Gedanke kommt, welcher dich zur Sünde reizen möchte, dann entscheidest du dich, nicht darauf einzugehen, sondern du sagt hierzu ein klares „Nein!". Du nimmst das Gedankenangebot nicht an und wehrst es im Namen Jesus ab.

Ich persönlich glaube, dass man den Teufel nicht ehren sollte, indem man ihn laufend erwähnt und auf ihn eingeht. Er ist ein Wichtigtuer und sollte von daher nicht viel Beachtung von uns bekommen. Wir sollten stattdessen viel mehr Zeit damit verbringen, über die Größe Jesu Christi nachdenken und uns mit den positiven Gedanken seines Wortes zu füllen. Das Böse bekommt somit keinen Platz mehr in unseren Gedanken.

„Nein sagen" zur Sünde – Sage: „Stop!!!"

Wenn du eine Person bittest, in den Gedanken von 1 bis 20 zu zählen, und du unterbrichst sie mit dem Wort „Stop!", dann wird diese Person unwillkürlich aufhören zu zählen. Der Gedankenvorgang wird unterbrochen. Genauso kannst du zu verkehrten Gedankenangeboten ein „Stop!" sagen. Du kannst negative Gedanken stoppen. Du kannst über deine Gedankenwelt herrschen und sie steuern. Christus in dir befähigt dich dazu. Deine Gedanken werden nicht mehr dich lenken, sondern du lenkst deine Gedanken.

Merke:

- In Jesus hast du Macht und Autorität bekommen.
- Das Wort Gottes gibt dir Unterscheidungsvermögen.
- Du überwindest das Böse und lebst ein Leben des Sieges.
- Du herrschst über deine Gedankenwelt.
- Du lenkst deine Gedanken.
- Christus in dir befähigt dich dazu!

KAPITEL 9

AUFTRAG UND VOLLMACHT

Das Reich Gottes

Die Vision Jesu wird in seinem Gebet deutlich:

... dein Reich komme; dein Wille geschehe, wie im Himmel so auch auf Erden! Matthäus 6,10

Es geht darum, dass sich Gottes Herrschaft und damit seine Wesensart auf dieser Erde ausbreiten.

Gottes Ordnung und Charakter sollen sich in allem, was es auf dieser Erde gibt, widerspiegeln. Das Böse und Abartige soll für die Gerechtigkeit und Liebe Gottes Platz machen. Wenn wir „von oben geboren werden", manifestiert sich das Reich Gottes in unserem persönlichen Leben. Wir selbst werden zur Gerechtigkeit Gottes und empfangen Gottes Wesensart.

Der Plan Gottes ist nun, dass sich durch uns sein Reich ausbreitet und alle Bereiche des Lebens und der Gesellschaft durchdringt.

Der Auftrag zu verkündigen

Geht hin in die ganze Welt und predigt das Evangelium der ganzen Schöpfung! Markus 16,15

Dies ist der Auftrag Jesu: alle Kulturen, Interessengemeinschaften und Gesellschaftsschichten mit der Realität des Evangeliums zu durchdringen.

Das Evangelium beinhaltet, dass Gott diese Welt liebt und sie durch seinen Sohn Jesus Christus erlöst hat. Jesus hat die Sünde dieser Welt auf sich genommen und die Möglichkeit dafür geschaffen, dass jeder Mensch zu einer „neuen Schöpfung" werden kann. Jeder Mensch kann zu einem Sohn bzw. zu einer Tochter Gottes werden. Das Wesen Gottes soll und wird sich durch solche Menschen widerspiegeln und auf dieser Erde ausbreiten.

Diese Botschaft des Evangeliums soll verkündigt, also bekannt gemacht, demonstriert und repräsentiert werden. Darum ist es wichtig, dass wir unseren Mund öffnen und die Wahrheit des Evangeliums jedem Menschen weitersagen. Wir sind Botschafter Gottes.

So sind wir nun Botschafter an Christi Statt, ... (Lutherüberset-zung) 2. Korinther 5,20

So sind wir nun Gesandte an Christi Statt, ... (Elberfelder Überset-zung) 2. Korinther 5,20

Wovon das Herz voll ist, davon fließt der Mund über.

Denn es ist uns unmöglich, von dem, was wir gesehen und gehört haben, nicht zu reden. Apostelgeschichte 4,20

Mache es dir zu einer guten Angewohnheit, überall, wohin du kommst, die „gute Nachricht" von Jesus unbefangen und selbstbe-wusst weiterzugeben. Es gibt keine bessere Nachricht auf der ganzen Welt. Jedes Bemühen, Gott näher zu kommen und ihm zu gefallen, kann getrost über Bord geworfen werden. Gott ist zu uns gekommen, nimmt Wohnung in uns und hat seine helle Freude an uns. Jedes religiöse Bemühen hat ein Ende! Keine unnötige Energie muss mehr dafür verwandt werden, Gott zu gefallen. In Jesus gefallen wir ihm! Was für eine gute Nachricht!

... durch den wir im Glauben auch Zugang erhalten haben zu dieser Gnade, in der wir stehen, und rühmen [wörtlich: rühmen, prahlen, frohlocken] uns aufgrund der Hoffnung der Herrlichkeit Gottes.

Nicht allein aber das, sondern wir rühmen uns auch Gottes durch unseren Herrn Jesus Christus, durch den wir jetzt die Versöhnung empfangen haben. Römer 5,2+11

Eine solche Botschaft sollte mit einer gehörigen Portion Selbstbe-wusstsein weitergegeben werden. Wir können mit erhobenem Haupt durch diese Welt gehen und wissen, dass dies die beste Botschaft aller Zeiten ist.

Gerechtigkeit macht uns stark

Die Kühnheit und Gewissheit entspringen der Tatsache, dass wir Gottes Gerechtigkeit empfangen haben. Sündenbewusstsein hält Menschen in religiösen Übungen, Schuldgefühlen, Minderwertigkeit, Versagen und Schwäche. Sündenbewusstsein raubt einem Menschen den Glauben an Gott, den Glauben an sich selbst und den Glauben an andere Menschen. Gebete, welche aus einem Sündenbewusstsein heraus gebetet werden, sind nur ein Ausdruck von Verzweiflung. Ein solches Gebet hat keine Grundlage des Rechts und daher keine Effektivität.

Die vollkommene Gerechtigkeit, welche wir in Jesus bekommen haben, ist Basis für einen grenzenlosen Glauben und Kühnheit.

Durch die Gerechtigkeit kannst du dich mit Recht auf die Zusagen des Wortes Gottes stellen. Es ist alles Gnade! Aber es ist eine Gnade, in der wir „stehen", und eine Gnade, der wir uns „rühmen"! Die Gerechtigkeit Gottes, welche uns geschenkt wurde, lässt uns nun im Leben herrschen.

... so werden viel mehr die, welche den Überfluss der Gnade und der Gabe der Gerechtigkeit empfangen, im Leben herrschen durch den einen, Jesus Christus. Römer 5,17

Wir wissen, an wen wir glauben. Wir wissen, dass dieser Glaube der Sieg ist, welcher durch alle Umstände und Widerwärtigkeiten des Lebens hindurchhilft.

Denn alles, was aus Gott geboren ist, überwindet die Welt; und dies ist der Sieg, der die Welt überwunden hat: unser Glaube. 1. Johannes 5,4

Die Verheißung, „Zeuge zu SEIN"

Jesus verheißt uns, dass wir seine „Zeugen sein" werden.

Aber ihr werdet Kraft empfangen, wenn der Heilige Geist auf euch gekommen ist; und ihr werdet meine Zeugen sein, sowohl in Jerusalem als auch in ganz Judäa und Samaria und bis an das Ende der Erde. Apostelgeschichte 1,8

Das neue Leben in Jesus Christus wird durch uns unter Beweis gestellt. Du bist ein Beweis des neuen Lebens. Du verkündigst nicht allein die Botschaft, sondern du lebst sie und „bist" sie.

Je mehr das Christusleben durch dich hindurchscheinen kann, umso kraftvoller ist dein Zeugnis.

Die Bevollmächtigung und Autorisierung

Jesus teilt uns mit, dass ihm alle Macht gegeben worden ist.

Mir ist alle Macht gegeben im Himmel und auf Erden. Geht nun hin und macht alle Nationen zu Jüngern, und tauft sie auf den

Namen des Vaters und des Sohnes und des Heiligen Geistes, und lehrt sie alles zu bewahren, was ich euch geboten habe! Und siehe, ich bin bei euch alle Tage bis zur Vollendung des Zeitalters. Matthäus 28,18-20

Jesus ist durch seine Auferstehung alle Autorität und Macht auf dieser Erde gegeben worden. Das heißt: Es bleibt keine Macht mehr für irgendjemand anders. Auch nicht für den Teufel. Der Teufel ist besiegt und hat keine Macht mehr! Die Bibel sagt, dass er völlig entmachtet worden ist.

Siehe, ich habe euch die Macht gegeben, auf Schlangen und Skorpione zu treten, und über die ganze Kraft des Feindes, und nichts soll euch schaden. Lukas 10,19

Unser Glaube ist ein Glaube in Jesus hinein. Dadurch sind wir in seine Stellung versetzt worden.

Er hat uns mitauferweckt und mitsitzen lassen in der Himmelswelt in Christus Jesus. Epheser 2,6

Denn wir sind sein Gebilde, in Christus Jesus geschaffen zu guten Werken, die Gott vorher bereitet hat, damit wir in ihnen wandeln sollen. Epheser 2,10

Zeichen und Wunder folgen dem Glaubenden.

Diese Zeichen aber werden denen folgen, die glauben: In meinem Namen werden sie Dämonen austreiben; sie werden in neuen Sprachen reden, werden Schlangen aufheben, und wenn sie etwas Tödliches trinken, wird es ihnen nicht schaden; Schwachen werden sie die Hände auflegen, und sie werden sich wohl befinden. Markus 16,17-18

Der wunderwirkende Gott bestätigt das im Glauben verkündigte Evangelium. So heißt es weiter:

Jene aber zogen aus und predigten überall, während der Herr mitwirkte und das Wort durch die darauf folgenden Zeichen bestätigte. Markus 16,20

Nimm diese Wahrheit, glaube sie und lebe sie!

Wir können die in uns wohnende Salbung des Heiligen Geistes aus uns herausfließen lassen.

Wahrlich, wahrlich, ich sage euch: Wer an mich glaubt, der wird auch die Werke tun, die ich tue, und wird größere als diese tun, weil ich zum Vater gehe. Johannes 14,12

In der Autorität Jesu können wir die gleichen Werke tun, die Jesus getan hat.

Was ist nun das größere Werk, von dem Jesus hier redet? Das größere Werk erfolgt, wenn wir Menschen in die neue Geburt hineinführen und sie somit zu Söhnen und Töchtern Gottes werden. Dieser Dienst war erst nach dem Leben Jesu auf dieser Erde möglich, da Jesus hierzu erst für uns sterben und auferstehen musste. Wir haben nun das Vorrecht, Menschen in dieses neue Leben hineinzuführen.

Jesus hat die höchste Position im Universum

Darum hat Gott ihn auch hoch erhoben und ihm den Namen verliehen, der über jeden Namen ist, damit in dem Namen Jesu jedes Knie sich beuge, der Himmlischen und Irdischen und Unterirdischen, und jede Zunge bekenne, dass Jesus Christus Herr ist, zur Ehre Gottes, des Vaters. Philipper 2,9-11

Jedes Knie muss sich vor diesem Namen Jesus beugen. Jedes Knie der Krankheit, der Ängste, der Begrenzungen und auch jedes andere Problem.

Der Name Jesus steht für seine Position, für seine Autorität und Macht

„Name" steht für Autorität und Macht. Da gab es einen Namen, der für den reserviert war, welcher die Menschheit aus ihren Sünden erretten würde. Dieser Rang, diese Position, diese Stellung ist nun Jesus gegeben worden.

Jesus ist der Herr der Herren, der König der Könige, der Boss der Bosse.

Jesus ist der Herr über das Sichtbare und das Unsichtbare.

Jesus ist der Herr über Probleme und Krankheiten.

Jesus ist der Herr über jede Art von Umständen.

Wo Jesus ist – wo immer dieser Name ist –, muss jedes Problem weichen! Alles, was Jesus ist, ist in seinem Namen enthalten. In diesem NAMEN liegt die Fülle dessen, was der Sohn Gottes mit seinem

Sterben und mit seiner Auferstehung erworben hat. Alles, was Jesus erworben hat, ist in seinem Namen enthalten. Sein Name, das ist ER selbst, welcher auf dem Thron sitzt.

Alles, was Gott ist, steht hinter diesem Namen.

Alles, was Jesus ist, haben wir in seinem Namen.

Dieser Name ist dir gegeben worden

Und es ist in keinem anderen das Heil; denn auch kein anderer Name unter dem Himmel ist den Menschen gegeben, in dem wir errettet werden müssen. Apostelgeschichte 4,12

Jeder, der in Jesus hineinglaubt, hat Zugang zu diesem Namen und Zugang zu Gott. Sein Name ist ein für uns reservierter Raum, in den wir hineintreten können. Es ist gleichsam eine für uns reservierte Stellung, in der wir „stehen" können. Es ist ein Ort des Schutzes, ein Ort des neuen Lebens. Es ist ein Ort göttlicher Autorität.

Ein fester Turm ist der Name des HERRN; zu ihm läuft der Gerechte und ist in Sicherheit. Sprüche 18,10

Wir glauben in seinen Namen hinein und werden in seinen Namen hineingetauft.

Autorisiert in seinem Namen zu handeln!

Was immer die Apostel in der frühen Christenheit taten, das taten sie im Namen Jesus. In dem Namen Jesus trieben sie Dämonen aus, heilten Kranke und wirkten Wunder.

Die Gegner des Evangeliums erkannten, dass die Vollmacht der Apostel in diesem Namen begründet war. Deshalb wollten sie ihnen verbieten „in diesem Namen" zu predigen und zu lehren.

Das Handeln in dem Namen Jesus hat die gleiche Kraft, als wenn Jesus selbst den Dienst tun würde.

Das Gebet im Namen Jesus

Und an jenem Tag werdet ihr mich nichts fragen. Wahrlich, wahrlich, ich sage euch: Was ihr den Vater bitten werdet in meinem Namen, wird er euch geben. Bis jetzt habt ihr nichts gebetet in meinem Namen. Bittet, und ihr werdet empfangen, damit eure Freude völlig sei! Johannes 16,23-24

In diesen Kapiteln des Johannesevangeliums teilt uns Jesus mit, dass er zum Vater gehen werde, und dass nun seine Jünger selbst herausgefordert sind, sich an den Vater – den Geber aller guten Gaben – zu wenden. Sie werden nicht mehr Jesus fragen und ihn bitten, sondern sie werden sich in direkter Weise an den Vater wenden. In unseren Gebeten wenden wir uns in dem Namen Jesus an den Vater und bekommen das, worum wir bitten.

Wenn ihr in mir bleibt und meine Worte in euch bleiben, so werdet ihr bitten, was ihr wollt, und es wird euch geschehen. Johannes 15,7

Anweisen im Namen Jesus

Und was ihr bitten werdet in meinem Namen, das werde ich tun, damit der Vater verherrlicht werde im Sohn.
Wenn ihr etwas bitten werdet in meinem Namen, so werde ich es tun. Johannes 14,13-14

Das griechische Wort *aiteo* bedeutet sowohl bitten als auch verlangen, fordern bzw. anweisen. An dieser Stelle spricht Jesus nicht von der Bitte zum Vater hin, sondern dass wir in seinem Namen Dinge anweisen werden.

Der Kontext lautet:

Wer an mich glaubt, der wird auch die Werke tun, die ich tue, ... Johannes 14,12

Jesus wirkte seine Werke, indem er in Autorität sprach. Er befahl Dämonen zu verschwinden, Umständen sich zu verändern, Krankheiten den Körper zu verlassen.

Wir können das Gleiche nun in Jesu Namen tun. Wir können Dinge in dem Namen Jesu anweisen. Dabei formulieren wir z. B: „Im Namen Jesus, Krankheit du musst verschwinden!"

Entscheidend ist dabei nicht allein die Formulierung, sondern der Glaube. Wir dürfen wissen, dass der Himmel sich hinter diese Glaubensanweisung stellt.

Wer zu diesem Berg sagen wird: Hebe dich empor und wirf dich ins Meer! und nicht zweifeln wird in seinem Herzen, sondern glauben, dass geschieht, was er sagt, dem wird es werden.

Darum sage ich euch: Alles, um was ihr auch betet und bittet [aiteo], glaubt, dass ihr es empfangen habt, und es wird euch werden. Markus 11,23-24

Jesus sagt somit: Wenn wir Dinge in seinem Namen anweisen werden, dann wird sein Name (die Autorität, welche in seinem Namen ist – das ist er selbst) dieses Wunder für uns bewirken.

Du hast den „Namen Jesus" empfangen. Du hast das Recht, ihn zu benutzen.

Manchmal werden wir uns in unserer Gebetszeit an den Vater wenden und ihn in dem Namen Jesu um Dinge bitten. Ein anderes Mal wenden wir uns an Umstände, Mächte oder Situationen und weisen im Namen Jesu an, was mit ihnen geschehen soll. So geschieht im Namen Jesus: Heilung, Wunderwirkungen, Dämonenaustreibung ... und was immer anliegt, kann im Namen Jesus bewältigt werden.

Wenn wir die Kraft des Namens Jesu erkennen, dann werden wir uns entscheiden, alles was wir tun, in dem Bewusstsein seines Namens anzupacken:

Und alles, was ihr tut, im Wort oder im Werk, alles tut im Namen des Herrn Jesus, und sagt Gott, dem Vater, Dank durch ihn. Kolosser 3,17

Sei es, dass wir predigen, lehren, beten, von Jesus erzählen, arbeiten, lernen, studieren ... – all dies wollen wir nicht mehr in menschlicher Kraft, sondern in der Kraft seines Namens tun.

Merke:
- Das Reich Gottes breitet sich durch dein Leben aus.
- Du bist ein Beweis des neuen Lebens in Christus.
- Der Name Jesus steht für seine Position, für seine Autorität und Macht.
- Der Name Jesus ist dir gegeben worden.
- Du bist bevollmächtigt und autorisiert in dem Namen Jesus zu handeln.

EIN LEBEN IN GESUNDHEIT

Gottes Wille für unser Leben ist Gesundheit und Wohlergehen

Denn ich kenne ja die Gedanken, die ich über euch denke, spricht der HERR, Gedanken des Friedens und nicht zum Unheil, um euch Zukunft und Hoffnung zu gewähren. Jeremia 29,11

Geliebter, ich wünsche, dass es dir in allem wohl geht und du gesund bist, wie es deiner Seele wohl geht. 3. Johannes 1,2

Der Wille Gottes ist Gesundheit und ganzheitliches Wohlergehen. Gottes Gedanken über uns sind Gedanken des Friedens. Das hebräische Wort für Frieden shalom bedeutet: Friede, Vollständigkeit, Stabilität, Gesundheit, Wohlstand, Zufriedenheit, Friede in Beziehungen untereinander, Erfüllung, Freiheit von jedem Mangel. Dies sind die Absichten Gottes für unser Leben. Alle diese Aspekte des „Shalom" haben wir durch Jesus im Geist empfangen.

Denn er ist unser Friede. Epheser 2,14

In Jesus haben wir alles inklusive

Gepriesen sei der Gott und Vater unseres Herrn Jesus Christus! Er hat uns gesegnet mit jeder geistlichen Segnung in der Himmelswelt in Christus, ... Epheser 1,3

Was sollen wir nun hierzu sagen? Wenn Gott für uns ist, wer gegen uns? Er, der doch seinen eigenen Sohn nicht verschont, sondern ihn für uns alle hingegeben hat: wie wird er uns mit ihm nicht auch alles schenken? Römer 8,31-32

In dem neuen Auferstehungsleben, welches Jesus uns geschenkt hat, sind alle Segnungen der Gesundheit und des Wohlergehens enthalten. Gott vermittelt uns in Jesus ganzheitlichen Wohlstand. Dieses Wohlergehen empfangen wir im Geist, und es entpackt sich wachstümlich durch den Glauben, welcher in uns wirksam ist.

Glaube ist nicht ein Produkt unserer Anstrengung, sondern eine Auswirkung des göttlichen Lebens in uns. Glaube wächst automatisch, wenn wir beständig Gottes Wort zu uns nehmen. Wir bekommen Stück für Stück eine Herzensoffenbarung über die verschiedenen Bereiche der Segnungen Gottes und werden somit durch unseren Glauben leben.

Der Gerechte aber wird aus Glauben leben. Römer 1,17

Körperliche Heilung

... der unsere Sünden an seinem Leib selbst an das Holz hinaufgetragen hat, damit wir, den Sünden abgestorben, der Gerechtigkeit leben; durch dessen Striemen ihr geheilt worden seid. 1. Petrus 2,24

Heilung und Rettung sind in der Bibel immer ganzheitlich zu verstehen. Sie beziehen sich nicht „nur" auf die geistliche Dimension. Die geistliche Dimension ist das Grundsätzliche und Entscheidende. Aber es bezieht sich gleichermaßen auf das Sichtbare und damit auch auf den menschlichen Körper.

Jesus demonstrierte durch seinen Heilungsdienst den Willen Gottes zur Heilung des menschlichen Körpers. Durch Jesu Tod am Kreuz hat er für uns eine völlige Heilung erworben. Heilung und Leben in Gesundheit gehören den Kindern Gottes. Wenn das Bewusstsein über diese Tatsache in deinem Geist anfängt zu leben und dein Denken erneuert, wirst du sehen, wie auch körperliche Gesundheit mehr und mehr zur Normalität in deinem Leben wird.

Die Kraft zur Heilung gibt Gott im „Überfluss". Das heißt: Seine heilende Kraft will nicht nur dich heilen, sondern auch durch dich zu anderen fließen.

Diese Zeichen aber werden denen folgen, die glauben: ... Schwachen werden sie die Hände auflegen, und sie werden sich wohl befinden. Markus 16,17-18

Heilt Kranke, weckt Tote auf, reinigt Aussätzige, treibt Dämonen aus! Umsonst habt ihr empfangen, umsonst gebt! Matthäus 10,8

Die Salbung göttlicher Heilungskraft will sich mehr und mehr auch durch dich zu anderen hin zeigen. Der Heiler lebt in dir. Es ist Christus, der Auferstandene.

Finanzielles Wohlergehen

Das Erlösungswerk Jesus bringt Gesundung und Wohlergehen auch in unsere Finanzen.

In ihm seid ihr in allem reich gemacht worden, in allem Wort und aller Erkenntnis, ... 1. Korinther 1,5

... ihr seid in ihm zur Fülle gebracht. Er ist das Haupt jeder Gewalt und jeder Macht. Kolosser 2,10

Der Segen des HERRN, der macht reich, und eigenes Abmühen fügt neben ihm nichts hinzu. Sprüche 10,22

Das Wort Gottes setzt uns von jeder „Armutsmentalität" frei. Du siehst dich nicht mehr als jemand, der Mangel hat, sondern du lebst in dem Bewusstsein, durch Jesus in allem reich geworden zu sein. Dieser Reichtum beginnt mit der Offenbarungserkenntnis in deinem Geist, dass es keinen Mangel bei Gott gibt. Gott ist reich. Ihm gehört alles Gold und Silber. Gott gibt uns Zugang zu allen seinen Gütern. Der Himmel ist voller Reichtümer. Die Straßen der himmlischen Stadt sind voller Gold.

Mein ist das Silber und mein das Gold, spricht der HERR der Heerscharen. Haggai 2,8

Und Reichtum und Ehre kommen von dir, und du bist Herrscher über alles. 1. Chronik 29,12

Außerdem sehen wir, wie Abraham, der Vater des Glaubens, auch in finanziellem Wohlstand lebte. Und das bereits im alten Bund.

Und Abram war sehr reich an Vieh, an Silber und an Gold. 1. Mose 13,2

Wie mit allen Geschenken, welche Gott uns gibt, gilt es, diese Wahrheit über finanziellen Wohlstand im Geist zu ergreifen. Die Folge ist eine Freisetzung von Armutsdenken und eine Offenbarung darüber, dass wir durch Jesus in allem reich gemacht worden sind. Dieser aus dem Wort genährte Glauben manifestiert sich nachfolgend im Sichtbaren.

Gott möchte uns mehr geben als nur das, was wir für unseren Eigenbedarf benötigen. Er möchte uns so viel geben, dass wir anderen reichlich weitergeben können und somit anderen zum Segen werden. Gott will uns segnen, damit wir ein Segen sind und die Freude des

„Weitergebens" genießen können. Wir dürfen „Nachahmer" Gottes sein, indem wir zu „Gebern" werden. Das „Geben" ist Teil des „göttlichen Lebens".

Geben ist seliger als Nehmen. Apostelgeschichte 20,35

... und ihr werdet in allem reich gemacht zu aller Freigebigkeit, die durch uns Danksagung Gott gegenüber bewirkt. 2. Korinther 9,11

Das Wort Gottes verändert unser Denken in Bezug auf Finanzen. Wir verstehen, dass Gott reich ist und wir seine Kinder geworden sind. Wir sind seine „Hausgenossen" und dürfen auf seinem Niveau leben. Religion hält Menschen in Armut gefangen. Minderwertigkeit und Armut liegen nah beieinander. Auch hier heißt es: „Tut Buße und glaubt an das Evangelium ..." Die gute Nachricht ist, dass Jesus uns von jedem Mangel befreit hat. Er beschenkt uns mit Fülle! Diese Wahrheit ergreifen wir im Geist und bekommen daraus resultierend eine Offenbarung in unserem Herzen.

Religion führt Menschen dazu, dass sie das Leben in zwei Hälften teilen. Sie machen eine Trennung zwischen Glauben und dem tatsächlichen Leben. Doch weil der Glaube etwas Tatsächliches ist, gehört er auch zum tatsächlichen Leben. Der Segen Gottes im Bereich von Gesundheit und Finanzen gehört ins tatsächliche Leben. Gottes Segnungen sind keine Pseudosegnungen, welche aus Metaphern bestehen, sondern es sind reale Segnungen für eine reale Welt.

Segnungen bauen sich stückweise auf

Sondern du sollst an den HERRN, deinen Gott, denken, dass er es ist, der dir Kraft [Fähigkeit/Know-how] gibt, Vermögen zu schaffen; damit er seinen Bund aufrechterhält, den er deinen Vätern geschworen hat, so wie es heute ist. 5. Mose 8,18

Gott befähigt uns durch die Leitung seines Geistes mit Finanzen so umzugehen, dass sie sich vermehren.

Hierzu gibt es grundlegende Voraussetzungen:

Das richtige Denken

Wie schon am Anfang dieses Kapitels aufgezeigt, ist das richtige Denken eine wichtige Voraussetzung. Vergiss nicht, dass du durch die Wiedergeburt das Herz und das Wesen des Vaters im Himmel bekommen hast. Dein Wesen ist nicht mehr kleinkariert oder ärmlich. Dein neues Herz ist weit! Wichtig ist nun, dass deine Seele auch hierin erneuert wird. Deine Seele, welche vorher in anderen Bahnen gedacht hat, braucht Veränderung. Da wir uns entschlossen haben, im Geist zu leben und nicht nach den Regungen unseres Seelenlebens, wird die Seele umtrainiert. Wir handeln nach dem, was dem Willen Gottes gemäß ist. Wir fangen an „Geber" zu sein. So entwickeln wir eine Mentalität von Großzügigkeit und Freigebigkeit.

Das richtige Handeln

Ein richtiges Denken führt zu einem richtigen Handeln.

Beständiges richtiges Handeln führt zu einer Gott gemäßen Mentalität.

Das Wort Gottes zeigt auf, dass es weitere geistliche Voraussetzungen für ein Leben in finanziellem Wohlergehen gibt.

Geistliche Voraussetzungen für den Finanzsegen Gottes schaffen

1. GOTT GEBEN, WAS IHM GEHÖRT

Zehn Prozent unseres Gewinns bzw. Einkommens gehören Gott.

Ehre den HERRN mit deinem Besitz, mit den Erstlingen all deines Ertrages! Sprüche 3,9

Bringt den ganzen Zehnten in das Vorratshaus, damit Nahrung in meinem Haus ist! Und prüft mich doch darin, spricht der HERR der Heerscharen, ob ich euch nicht die Fenster des Himmels öffnen und euch Segen ausgießen werde bis zum Übermaß! Und ich werde um euretwillen den Fresser bedrohen, damit er euch die Frucht des Erdbodens nicht verdirbt und damit euch der Weinstock auf dem Feld nicht fruchtleer bleibt, spricht der HERR der Heerscharen. Maleachi 3,10-11

Ich glaube, dass der Zehnte in die Ortsgemeinde gegeben werden sollte. Es ist die Gemeinde, in welcher man sein geistliches Zuhause hat und woher man seine geistliche Nahrung bezieht. Die Bibel benennt es: „in das Vorratshaus, damit Nahrung in dem Haus ist". Wenn Finanzen in einer lokalen Gemeinde reichlich vorhanden sind, dann wird in dieser Gemeinde auch das Wort Gottes reichlich ausgestreut werden. Wenn Glieder einer Gemeinde dies erkennen und praktizieren, gibt es keinen Mangel – weder in der Gemeinde noch bei ihnen privat. Gott verheißt, dass er die „Fenster des Himmels öffnen und Segen bis zum Übermaß" ausgießen wird. Gott sagt sogar, dass wir ihn hierin prüfen sollen.

In der Bibel lesen wir weiterhin, dass, wenn jemand in dem Finanziellen treu ist, dieser auch von Gott über „Größeres" gesetzt wird.

Wenn ihr nun mit dem ungerechten Mammon nicht treu gewesen seid, wer wird euch das Wahrhaftige anvertrauen? Lukas 16,11

Wer im Geringsten treu ist, ist auch in vielem treu, und wer im Geringsten ungerecht ist, ist auch in vielem ungerecht. Lukas 16,10

In einem Gleichnis Jesu bekam ein Mann, welcher mit den „Pfunden" verantwortungsvoll und treu umging, als Resultat seiner Treue „Vollmacht" verliehen.

Und er sprach zu ihm: Recht so, du guter Knecht! Weil du im Geringsten treu warst, sollst du Vollmacht über zehn Städte haben. Lukas 19,17

Das „Geringe" steht für die Finanzen. Das „Wahrhaftige" für die geistlichen Güter wie Salbung und Zuteilung von Gottes Herrlichkeit.

Somit sehen wir, dass ein „dem Wort gemäßes" Verhalten in Bezug auf Finanzen einen ganzheitlichen Segen zur Folge hat.

2. Gerechter Umgang mit Geld

Ein gerechter Umgang mit Geld ist entscheidend, um finanziellen Segen zu erleben. Das Wort Gottes zeigt uns, dass ein Mensch immer das „erntet", was er „gesät" hat.

Wer Unrecht sät, wird Unheil ernten, ... Sprüche 22,8

Wir sollten jedem das zahlen und geben, was ihm zusteht.

Zahle dem Staat die geforderten Steuern.

Gebt denn dem Kaiser, was des Kaisers ist, und Gott, was Gottes ist. Matthäus 22,21

Entlohne Menschen, die für dich arbeiten, großzügig.

Der Arbeiter ist seines Lohnes wert. 1. Timotheus 5,18
Wenn wir großzügig entlohnen, dann werden auch wir großzügig entlohnt werden.

3. SAATGUT AUSSTREUEN UND ANDEREN GUTES TUN

Unser Vater im Himmel hat eine „Ausstreu-Mentalität". Er liebt es, wohl zu tun und Mangel auszufüllen. Auch diese Mentalität haben wir als neue Schöpfungen von ihm geerbt. Es ist die Mentalität deines neuen Geistes. Lebe auch hierin das neue Leben.

Wer aber irdischen Besitz hat und sieht seinen Bruder Mangel leiden und verschließt sein Herz vor ihm, wie bleibt die Liebe Gottes in ihm? 1. Johannes 3,17

Kinder, lasst uns nicht lieben mit Worten noch mit der Zunge, sondern in Tat und Wahrheit! 1. Johannes 3,18

Das Wohltun und Mitteilen aber vergesst nicht! Denn an solchen Opfern hat Gott Wohlgefallen. Hebräer 13,16

Die Gastfreundschaft vergesst nicht! Denn dadurch haben einige, ohne es zu wissen, Engel beherbergt. Hebräer 13,2

Auch im finanziellen Bereich gilt das Gesetz von „Saat und Ernte".

Wer sparsam sät, wird auch sparsam ernten, und wer segensreich sät, wird auch segensreich ernten. 2. Korinther 9,6

Gebt, und es wird euch gegeben werden: ein gutes, gedrücktes und gerütteltes und überlaufendes Maß wird man in euren Schoß geben; denn mit demselben Maß, mit dem ihr messt, wird euch wieder gemessen werden. Lukas 6,38

Da ist einer, der ausstreut, und er bekommt immer mehr, und einer, der mehr spart, als recht ist, und es gereicht ihm nur zum Mangel. Sprüche 11,24

Lasst uns aber im Gutestun nicht müde werden! Denn zur bestimmten Zeit werden wir ernten, wenn wir nicht ermatten. Galater 6,9

Vermögen baut sich „Stück für Stück" auf

Und ihr sollt dem HERRN, eurem Gott, dienen: so wird er dein Brot und dein Wasser segnen, und ich werde alle Krankheit aus deiner Mitte entfernen. Nicht in einem Jahr werde ich sie vor dir vertreiben, damit das Land nicht eine Öde wird und die wilden Tiere zu deinem Schaden überhand nehmen. Nach und nach werde ich sie vor dir vertreiben, bis du so fruchtbar geworden bist, dass du das Land in Besitz nehmen kannst. 2. Mose 23,25.29-30

Schnell erworbener Besitz wird schnell weniger; wer aber händeweise sammelt, vermehrt ihn. Sprüche 13,11

Gottes Segen ist kein Jackpot-Segen, sondern ein Segen, der sich systematisch aufbaut. Parallel dazu soll unser Charakter dem Charakter Gottes gleichgestaltet werden. Die Wesensart Gottes soll durch das Wort Gottes und das Handeln nach seinem Wort in uns Gestalt gewinnen, so dass wir den empfangen Segen auch halten können bzw. richtig damit umgehen.

Heilung unserer Beziehungen – Leben in Gemeinschaft

Frieden mit Gott bewirkt ein Leben in Harmonie. Dieser göttliche Friede macht uns beziehungsfähig.

Sünde isoliert den Menschen. Wir sehen, wie Adam und Eva ihren ersten Ehestreit hatten, nachdem sie in Sünde gefallen waren: Adam beschuldigte seine Frau ihn verführt zu haben, anstatt selbst Verantwortung für sein Handeln zu übernehmen.

Das neue Leben in Jesus bringt uns in eine harmonische Gemeinschaft mit Gott. Es lehrt uns, dass wir nicht zum „Alleingang" berufen sind. Gott selbst ist Gemeinschaft: Vater, Sohn und Heiliger Geist. Seine Segnungen möchte er in Fülle ebenfalls in Gemeinschaft hineingeben. Sehr häufig lesen wir im Neuen Testament die Worte „uns" und „wir".

Gepriesen sei der Gott und Vater unseres Herrn Jesus Christus! Er hat uns gesegnet mit jeder geistlichen Segnung in der Himmelswelt in Christus, ... Epheser 1,3

Gott segnet „uns" als Gemeinschaft. Die Fülle seines Segens gibt er in die Gemeinschaft der Gläubigen. Sie gemeinsam bilden einen Körper – den Körper Jesu.

Die Wiedergeburt ist eine Taufe in den Leib Christi hinein. So bist du durch die Wiedergeburt in die Gesamtgemeinde Jesu einverleibt worden.

Denn in einem Geist sind wir alle zu einem Leib getauft worden, es seien Juden oder Griechen, es seien Sklaven oder Freie, und sind alle mit einem Geist getränkt worden. 1. Korinther 12,13

Du bist nun Teil eines Ganzen. Du bist ein Teil der Gemeinde Jesu. Dein Innerstes sucht die Gemeinschaft von Leuten auf, die auch dieses neue Leben empfangen haben. Du erfreust dich daran, durch sie gestärkt zu werden, und du hast ebenfalls das Bedürfnis, sie zu stärken auf aufzubauen.

Auch dies ist ein Werk des Heiligen Geistes in dir. Dein innerer Mensch weiß, dass er die Gemeinschaft braucht. Er fühlt sich zu seinesgleichen hingezogen. Für den Fall, dass jemand die Sensibilität dafür verloren hat, ermutigt ihn das Wort Gottes, die Gemeinschaft wieder aufzusuchen.

... lasst uns aufeinander Acht haben, um uns zur Liebe und zu guten Werken anzureizen, indem wir unser Zusammenkommen nicht versäumen, wie es bei einigen Sitte ist, sondern einander ermuntern, und das um so mehr, je mehr ihr den Tag herannahen seht! Hebräer 10,24-25

Auch bei Paulus sehen wir das Bedürfnis nach Gemeinschaft:

Denn mich verlangt sehr, euch zu sehen, damit ich euch etwas geistliche Gnadengabe mitteile, um euch zu stärken, das heißt aber, um bei euch mitgetröstet zu werden, ein jeder durch den Glauben, der in dem anderen ist, sowohl euren als meinen. Römer 1,11-12

Die Gaben und Salbungen sollen sich in der lokalen Gemeinde ergänzen und zu einem gemeinsamen Dienst führen.

So soll euer Licht leuchten vor den Menschen, damit sie eure guten Werke sehen und euren Vater, der in den Himmeln ist, verherrlichen. Matthäus 5,16

Auch hier heißt es: So lasst „euer" Licht leuchten. Wir dürfen den Wert unser Geschwister entdecken und den Christus in ihnen erkennen.

Wenn Menschen sich näher kommen, dann werden sie auch „Schwächen" bei ihrem Gegenüber entdecken. Denke dran: Wir sind alle unterwegs und können in diesem Bereich einander mit der „Gnade" begegnen, die wir von Gott empfangen haben. Hier ist die Möglichkeit, die Liebe Gottes fließen zu lassen.

Deshalb nehmt einander auf, wie auch der Christus euch aufgenommen hat, zu Gottes Herrlichkeit! Römer 15,7

Seid aber zueinander gütig, mitleidig, und vergebt einander, so wie auch Gott in Christus euch vergeben hat! Epheser 4,32

Doch welch eine Kraft hat diese Gemeinschaft! Wenn wir zusammenkommen und unseren Fokus auf Jesus gerichtet haben, dann verheißt Jesus seine manifeste Gegenwart.

Denn wo zwei oder drei versammelt sind in meinem Namen [oder: zu meinem Namen hin], da bin ich in ihrer Mitte. Matthäus 18,20

Einheit in Gemeinschaft verheißt Erhörung von Gebeten.

Wenn zwei von euch auf der Erde übereinkommen, irgendeine Sache zu erbitten, so wird sie ihnen werden von meinem Vater, der in den Himmeln ist. Matthäus 18,19

Die Liebe untereinander ist das Kennzeichen.

Daran werden alle erkennen, dass ihr meine Jünger seid, wenn ihr Liebe untereinander habt. Johannes 13,35

In dieser Gemeinschaft wird auch „Jüngerschaft" gelebt, indem wir voneinander lernen, wie die Nachfolge Jesu konkret gelebt werden kann.

Merke:

- Jesus schenkt uns ein Leben in Gesundheit.
- Gesundheit für Geist, Seele, Körper und für alle Bereiche des Lebens.
- Gott segnet dich mit Finanzen, und du wirst andere mit Finanzen segnen.
- Segnungen bauen sich „Stück für Stück" auf.
- Gott hat uns mit Gemeinschaft gesegnet, und Gott segnet die Gemeinschaft.

KAPITEL 11

EIN LEBEN DER LIEBE

Gott ist die Liebe

Liebe ist die größte Kraft des Universums. Gott selbst ist die Liebe. Gottes Liebe ist viel tiefer und stärker als jede menschliche Form von Liebe.

Gottes Liebe ist ohne Grenzen.

Im griechischen Text des Neuen Testamentes werden verschiedene Begriffe für Liebe verwandt:

eros – bezeichnet eine Liebe, welche vom Gegenüber entzündet wird. Sie braucht die Attraktion des Gegenübers, um entfacht zu werden.

philia – bezeichnet die Freundschaftsliebe. Sie besteht auf Grund von Sympathie und Gleichartigkeit.

agape – ist die endlose und unerschöpfliche Liebe Gottes. Sie liebt beständig – ohne einen äußeren Anreiz des Gegenübers.

Gott ist Agape

Diese wahre Liebe ist nicht mit dem Verstand zu begreifen. Sie ist wissenschaftlich unerforscht. Sie ist weder vernünftig noch logisch. Sie ist zu allem Guten bereit.

Liebe ist zu allem in der Lage. Sie macht das Unmögliche möglich.

Liebe setzt ungeahnte Energie frei.

Liebe ist ein unerforschliches Phänomen.

Liebe ist eine Person.

Gott ist die Liebe.

Liebe klettert über Mauern ...

Liebe lässt 100 Fromme stehen, um einem einzigen Verlorenen nachzugehen ...

Liebe steigt vom Himmel herab, auf die Erde ...

Liebe lässt Gott zu einem Menschen werden ...

Liebe lässt sich ans Kreuz nageln, um das Leben für andere hervorzubringen.

Liebe überschreitet Grenzen, Gebote und Satzungen. Jesus „kletterte" über die aufgestellten Mauern menschlicher Satzungen und war bereit, gegen die Norm der Menschen zu handeln, um die Liebe Gottes fließen zu lassen. Das Herz des Vaters ist nicht in Gesetze und menschliche Worte zu fassen. Gott ist die Liebe – und damit nicht formulierbar. Sein Herz entspricht nicht Geboten, welche in steinerne Tafeln gemeißelt werden können.

Liebe sucht nach Gemeinschaft

Gott schuf den Menschen, um ihn zu lieben. Liebe will sich mitteilen. Liebe will das Gute miteinander teilen. Vor dem Sündenfall lebte der Mensch mit Gott in einer absoluten Harmonie und himmlischer Gemeinschaft.

Sünde trennt von Gemeinschaft und zerstört sie. Sünde bewirkt Isolation.

Wenn wir durch Jesus zurück in die göttliche Gemeinschaft gefunden haben, dann werden wir auch auf der zwischenmenschlichen Ebene gemeinschaftsfähig. Wir suchen die Nähe von Menschen auf, um Gottes Liebe weiterzugeben.

Liebe ist eine Sache des Herzens

Liebe ist eine Sache unseres neuen Geistes. Wahre Liebe kommt aus der Geistesdimension. Gott ist Geist. Und Gott ist Liebe.

Die Dinge Gottes werden im Geist empfangen und aus dem Geist weitergegeben. Wir empfangen Gottes Liebe mit unserem Geist und reflektieren seine Liebe zu ihm zurück, indem wir ihn im Geist anbeten.

Gott ist Liebe, ...
Wir lieben, weil er uns zuerst geliebt hat. 1. Johannes 4,16.19

Auf dieser Ebene des Geistes lieben wir auch die Menschen. Wir empfangen Gottes Liebe in unserem Geist und lassen sie aus unserem Geist heraus zu den Menschen fließen. Dabei kommen uns liebevolle Ideen, was wir einer Person Gutes tun könnten. Diese Ideen setzten wir um und merken, wie sich der Strom göttlicher Liebe freisetzt.

Die neue Schöpfung ist aus Liebe geboren worden

Du bist als neue Schöpfung „aus Gott" geboren worden.

Du bist aus Liebe gezeugt worden. Somit trägt deine neue Identität die Natur und das Wesen der Liebe in sich.

Das Wesen des Teufels ist Hass, Groll, Bitterkeit, Lüge ...
Das Wesen Gottes ist Liebe.

Dein Wesen ist Liebe

In der neuen Geburt hast du das Wesen Gottes empfangen. Du trägst seine Gene in dir. Die neue Geburt ist kein gedankliches Modell, sondern eine absolute Realität. Du bist aus Gott geboren, und du trägst die Liebe Gottes dir.

Denn die Liebe Gottes ist ausgegossen in unsere Herzen durch den Heiligen Geist, der uns gegeben worden ist. Römer 5,5

Entwickle den Glauben und das Bewusstsein, dass Gottes Liebe in dir Wohnung genommen hat.

Wachstum in Sachen Liebe

Als „neue Schöpfung" hast du ein gewisses Maß an Glauben und Liebe empfangen. Nun baut das Wort Gottes systematisch vermehrten Glauben und vermehrte Liebe in dein Leben hinein. Gott ist das Wort und Gott ist die Liebe.

Lies das Wort, sprich das Wort und setze das Wort um. So wird das Wort Fleisch in dir. Die Liebe wird sichtbar und spürbar in deinem Leben. Wir werden Christus in dem Maß ähnlich, wie das Wort in uns die Oberhand gewinnt.

Das Leben der Liebe entwickeln

Dieses Leben der Liebe muss nun entwickelt werden, so wie das Glaubensleben in dir entwickelt wird.

Wenn du das alte Leben verleugnest und das neue Leben lebst, wird die Liebe Gottes immer stärker sichtbar werden.

Das Wort macht uns zu Menschen, die lieben!

Ein neues Gebot gebe ich euch, dass ihr einander liebt, damit, wie ich euch geliebt habe, auch ihr einander liebt.
Daran werden alle erkennen, dass ihr meine Jünger seid, wenn ihr Liebe untereinander habt. Johannes 13,34-35

Wer aber sein Wort hält, in dem ist wahrhaftig die Liebe Gottes vollendet. Hieran erkennen wir, dass wir in ihm sind.
1. Johannes 2,5

Geliebte, lasst uns einander lieben! Denn die Liebe ist aus Gott; und jeder, der liebt, ist aus Gott geboren und erkennt Gott. Wer nicht liebt, hat Gott nicht erkannt, denn Gott ist Liebe. 1. Johannes 4,7-8

Liebe war die vorherrschende Kraft, welche die übernatürliche Dimension der Urgemeinde bestimmte. Liebe ist der Beweis für die neue Geburt. Sie ist der Beweis dafür, dass wir vom Tod zum Leben übergegangen sind.

Wir wissen, dass wir aus dem Tod in das Leben hinübergegangen sind, weil wir die Brüder lieben; wer nicht liebt, bleibt im Tod. 1. Johannes 3,14

Wenn das göttliche Leben in uns pulsiert, dann werden wir lieben. Das göttliche, ewige Leben hat mit Liebe zu tun. Dies ist die göttliche Natur.

Das Wort macht uns zu Liebenden.

Nach dem Wort handeln

Wahrer Glaube bewirkt eine Handlung. Nach dem Wort zu handeln heißt, Christus, das lebendige Wort, durch sich hindurch handeln zu lassen.

Oft kennen Menschen alles Mögliche aus dem Wort Gottes, bis hin zu der Bedeutung des hebräischen oder griechischen Grundtextes. Doch dies alles hat keinen Wert, wenn wir es nicht umsetzen. Darum: Lass den Christus durch dich hindurch handeln. Geh den göttlichen Impulsen der Liebe nach, und handle dementsprechend.

Ein Täter des Wortes – ein Täter der Liebe

Du wirst dir bewusst, dass die Liebe Gottes in dir Wohnung genommen hat. Du trägst die Natur Gottes in dir. Du bist Teilhaber seiner Natur. Das befähigt dich, in Liebe zu handeln. Du stimmst nicht nur der Liebe zu, sondern du bist ein wirklicher Täter der Liebe.

Du denkst Liebe.

Du sprichst Liebe.

Du lebst ein Leben der Liebe.

Du handelst so, wie Jesus handelt.

Du bist jemand, der so liebt, wie Jesus liebt.

Du siehst dich als solchen, und du handelst danach.

Dies ist ein Werk Gottes. Und dieses Wirken Gottes wird stärker und stärker.

Ich bin ebenso in guter Zuversicht, dass der, der ein gutes Werk in euch angefangen hat, es vollenden wird bis auf den Tag Christi Jesu. Philipper 1,6

Gottes Wort ist ein befähigendes Wort

Wenn Gott sagt: Wandelt in Liebe, dann sollten wir verstehen, dass Gott diese Fähigkeit in uns hineinspricht. Sein Wort ist nicht ein forderndes Wort, sondern ein befähigendes Wort. Indem er dieses Wort zu uns spricht, befähigt er uns. Es lässt das Leben und Licht Gottes in uns aufleuchten.

Wenn du das Wort Gottes bejahst, in dich hineinlässt, an dir wirken lässt und danach handelst, dann gibst du der Kraft Gottes Raum. Diese Kraft seiner Liebe wird sich in dir entfalten.

Die echten Täter des Wortes

Wer aber irdischen Besitz hat und sieht seinen Bruder Mangel leiden und verschließt sein Herz vor ihm, wie bleibt die Liebe Gottes in ihm? Kinder, lasst uns nicht lieben mit Worten noch mit der Zunge, sondern in Tat und Wahrheit! 1. Johannes 3,17-18

Liebe hat uns ins Dasein gerufen.

Die Liebe Gottes ist ausgegossen in uns.

Das Potenzial zu lieben steckt in uns drin.

Setze die Liebe nun frei

Denn wir sind sein Gebilde, in Christus Jesus geschaffen zu guten Werken, die Gott vorher bereitet hat, damit wir in ihnen wandeln sollen. Epheser 2,10

Das Werk seiner Liebe in uns ist weit größer, als wie wir es uns vorstellen können.

Dem aber, der über alles hinaus zu tun vermag, über die Maßen mehr, als wir erbitten oder erdenken, gemäß der Kraft, die in uns wirkt, … Epheser 3,20

Es ist letztendlich sein Werk. Er vermag es zu „tun". Er tut es durch uns.

Wenn wir uns dazu entschließen, seine Liebe durch uns fließen zu lassen, dann setzt sich seine Kraft der Liebe in uns und durch uns frei.

Die Liebe ist eine Frucht des Geistes

Die Frucht des Geistes aber ist: Liebe, Freude, Friede, Langmut, Freundlichkeit, Güte, Treue, Sanftmut, Enthaltsamkeit. Gegen diese ist das Gesetz nicht gerichtet. Galater 5,22-23

Die Liebe ist eine Frucht des von Gott neu kreierten Geistes. In der „neuen Schöpfung" steckt das Potenzial zu lieben.

Man kann sich dies wie einen guten Boden vorstellen, in dem die Aspekte der Liebe wie z. B. Geduld, Sanftheit und Freundlichkeit enthalten sind.

Wenn dieser Boden durch Wort und Geist gut genährt wird, dann kommt eine Frucht hervor. Es ist die Frucht der Liebe. Es ist die Frucht des Glaubens und der Gebetserhörung.

Diese Frucht kommt hervor, wenn wir ihn ihm bleiben. So wie deine neue Identität gerecht ist, das Wort Gottes liebt, das Gute und Richtige tun will, so ist dein neues „Ich" in der Lage zu lieben.

Werde dir bewusst, dass Liebe ein Teil von dir ist. Wenn du dies verstehst, dann liest du 1. Korinther 13 mit neuen Augen. Das Potenzial für Langmut, Geduld, Freundlichkeit und Einfühlsamkeit steckt in dir drin.

Gott zeigt sich in Stärke und in Identifikation – die Münze hat 2 Seiten

Die eine Seite:

Wenn wir das Wort vom auferstandenen Christus in uns aufnehmen und unsere Identität in ihm finden, dann werden wir unbegrenzt stark. Wir leben in dem Bewusstsein, Söhne und Töchter Gottes zu sein. Wir leben sehr geradlinig nach seinen Zielen und führen ein Überwinderleben.

Die andere Seite:

Die andere Seite des Christus ist sein Weg ans Kreuz. Es ist der Weg herab von der Herrlichkeit. Es ist sein Weg der Erniedrigung, der Identifikation, der Nähe zu den Menschen.

Jesus sucht die Nähe der Schwachen

Jesus sonderte sich nicht von den Sündern ab, sondern suchte ihre Nähe.

Wir aber, die Starken, sind verpflichtet, die Schwachheiten der Kraftlosen zu tragen und nicht uns selbst zu gefallen.
Jeder von uns gefalle dem Nächsten zum Guten, zur Erbauung!
Denn auch der Christus hat nicht sich selbst gefallen, ... Römer 15,1-3

Dies ist die Vorgehensweise Jesu: Er war stark und trug unsere Schwachheiten. Seine Kraft hat uns dazu stark gemacht, die Schwachheiten anderer zu tragen. Wir sind Stellvertreter Jesu auf dieser Erde – was für ein Dienst!

Liebe ist wie ein Strom

Folge diesem Strom. Folge der Liebe, denn Gott ist die Liebe.

Lass dich von der Liebe leiten.

Handle nach den Gedanken der Liebe.

So setzt sich Gottes Kraft in deinem Leben frei.

Merke:

- Du bist eine „neue Schöpfung" mit Gottes Natur und ohne Verdammnis.
- Du machst dir bewusst, dass Liebe nun ein Teil von dir ist. Das Wesen der Liebe ist in dir.
- Du denkst Liebe.
- Du sprichst Liebe.
- Du handelst in Liebe.

KAPITEL 12

DAS ZOE-LEBEN KULTIVIEREN

Entwickle dein Geist-Bewusstsein

Du bist mit Christus von den Toten auferstanden.

Dein Geist ist „aus Gott" geboren worden.

Du selbst trägst das ewige Leben in dir.

Dein eigentliches „SEIN" ist Geist.

Du bist Geist, du hast eine Seele und du wohnst in einem Körper.

Das neue Leben ist ein Leben im Geist. Es ist ein Leben, bei dem der innere Mensch in Gemeinschaft mit Gott lebt und von ihm inspiriert, gestärkt und geleitet wird. Es ist ein Leben in göttlicher Dimension und Kraft.

Die Bibel sagt nun:

Wandelt im Geist, und ihr werdet die Begierde des Fleisches nicht erfüllen. Galater 5,16

Um dieses neue Leben auszukosten, ist es wichtig, dass du ein Bewusstsein deines neuen Geistes entwickelst.

Je mehr das Wort Gottes in dir lebt und je mehr du mit dem Heiligen Geist erfüllt bist, umso stärker und vorherrschender wird dieses Bewusstsein des neuen Lebens in dir sein.

Glauben bildet Bewusstsein

Jesus stand im Bewusstsein, dass der Vater ihm alles in die Hände gegeben und dass er von Gott ausgegangen war und zu Gott hingehe von dem Abendessen auf ... nach Johannes 13,3

Das griechische Wort, welches hier mit „Bewusstsein" übersetzt wird ist *eido*. Es bedeutet so viel wie „Wissen", „Sehen", „Erkennen".

Jesus wusste, wer er war. An vielen Stellen bekannte Jesus, wer und was er war. Er sagte: Ich bin das Licht der Welt. Ich bin das Brot des Lebens – vom Himmel gekommen.

Er lebte in dem Bewusstsein, dass der Vater ihm alles in die Hände gegeben hatte. Er glaubte dies. Er sprach dies aus und bekannte es.

Glauben ist ein „Wissen" im Geist. Wenn wir wirklich glauben, dass wir eine neue Schöpfung sind, dann werden wir auch ein immer stärker werdendes Bewusstsein darüber in uns tragen.

Wir leben dann in dem Bewusstsein des Wortes Gottes, seiner Größe und seiner Erlösung, die er für uns bewirkt hat.

Trage das Christusbewusstsein in dir! Lass dein Bewusstsein durch das Wort Gottes erneuert werden. Mach dir die Wahrheiten des Wortes Gottes bewusst und lass sie somit zur Realität werden.

Das Leben kommt aus dem Bewusstsein

Jesus hat uns von der Sünde und dem Sündenbewusstsein freigesetzt. Dafür entwickelt er in uns ein Bewusstsein darüber, dass er und seine Natur in uns leben. Ein Gott gemäßes Leben entsteht aus dem Bewusstsein seiner Gerechtigkeit in dir. Aus dem Bewusstsein seiner göttlichen Natur in dir wird sich seine Natur in dir entwickeln und zeigen.

Das Zoe-Leben kultivieren

Gott beauftragt den Menschen, dass er das von Gott Empfangene entwickelt, kultiviert, erforscht, ausbaut und gestaltet.

Und Gott, der HERR, nahm den Menschen und setzte ihn in den Garten Eden, ihn zu bebauen und ihn zu bewahren. 1. Mose 2,15

Zur Verdeutlichung eine kleine Geschichte:

Ein Landwirt kaufte einen Bauernhof, der völlig heruntergekommen und verwildert war. Er arbeitete schwer und investierte seine ganze Kraft. Er beseitigte das Unkraut, pflügte die Felder, düngte und bewässerte sie. Jahre später war ein wunderschöner, ertragreicher Bauernhof daraus entstanden. Nun bekam er Besuch von einem so genannten „geistlichen" Mann. Dieser sagte mit wallender Stimme: „Preis den Herrn, was für einen wunderschönen Bauernhof hat dir der Herr geschenkt!" Der Landwirt antwortete ihm: „Ja, du hast Recht! Aber du hättest den Bauernhof mal sehen sollen, als der Herr ihn noch ganz allein bewirtschaftete!"

Gott hat uns das Leben geschenkt.

Am Anfang des Buches haben wir die verschiedenen Arten des Lebens erwähnt:

bios   das Leben der Natur

psyche   das Seelenleben mit dem Bereich unseres Intellektes und der Gefühlswelt

zoe   das göttliche Leben, das übernatürliche Leben

Alle drei Bereiche des Lebens gilt es zu kultivieren.

In der säkularen Welt haben wir nur die ersten zwei Lebensarten studiert und kultiviert. Auch dies gehört zu dem Auftrag Gottes, jedoch fehlt das Entscheidende. Nachdem wir durch Jesus das Zoe-Leben empfangen haben, gilt es dieses Leben zu kultivieren, zu erforschen, zu pflegen und zu bauen.

Der Bereich des Geistes sollte von uns mehr gepflegt und kultiviert werden als alles andere. Es ist das eigentliche Leben. Es ist das schönste und größte, was es überhaupt gibt. Es ist eine sprudelnde Quelle. Es ist Christus in uns, welcher unser Leben auf ein göttliches Niveau hebt. Paulus ermutigte seinen geistlichen Sohn Timotheus, dieses Leben zu entwickeln.

Vernachlässige nicht die Gnadengabe in dir, die dir gegeben worden ist durch Weissagung mit Handauflegung der Ältestenschaft!

Bedenke dies sorgfältig; lebe darin, damit deine Fortschritte allen offenbar seien! 1. Timotheus 4,14-15

Um dieser Ursache willen erinnere ich dich, die Gnadengabe Gottes anzufachen, die in dir durch das Auflegen meiner Hände ist. 2. Timotheus 1,6

Das geistliche Leben muss entwickelt werden, sonst verkümmert es! Wie auch in anderen Bereichen des Lebens gilt: „Wer rastet, der rostet!"

3 G's: Gottes Wort – Gebet – Gemeinschaft

Finde heraus, was dich geistlich in Topform bringt. Kultiviere eine bestimmte Art des Umgangs mit dem Wort Gottes und nimm es täglich zu dir.

Sprich das Wort, meditiere darüber, finde deinen persönlichen Weg heraus, wie du am besten mit dem Wort Gottes umgehst und dadurch deinen Geist nährst.

Kultiviere ebenfalls dein Gebetsleben und das Beten im Geist. Entwickle einen Zugang in die Dimension des Geistes durch Anbetung. Praktiziere diese geistlichen Übungen gemäß deiner Art. Sei dabei du selbst. Sei fröhlich und locker!

Ernähre dich mit guter Glaubensverkündigung und pflege Gemeinschaft mit wiedergeborenen Christen, die wachsen und vorangehen wollen. Baue gute Gewohnheiten in dein Leben ein, welche das Leben des Geistes fördern.

Das Wort Gottes sagt: „Bedenke dies sorgfältig; lebe darin, damit deine Fortschritte allen offenbar seien!"

Das Leben im Geist ist dynamisch und will sich weiterentwickeln.

Priorität – aber nicht ausschließlich

Das Leben des Geistes ist das eigentliche Leben. Es ist das Leben, welches unvergänglich ist. Alle anderen Lebensformen sind zeitlich begrenzt.

Aber für die Zeit, in der wir auf dieser Erde leben, haben die anderen Bereiche und Arten des Lebens auch ihren Stellenwert. Das natürliche Leben unseres Körper und unserer Seele ist uns schließlich auch von Gott gegeben worden. Gott möchte nicht, dass wir die Welt, in der wir leben, in einen geistlichen und in einen natürlichen Bereich teilen.

Das geistliche Leben ist die Priorität. Dieses göttliche Leben in dir will und soll nun die natürlichen Bereiche des Lebens durchdringen, beleben und gestalten.

Manche Christen haben eine Klostermentalität entwickelt. Zugegeben, die Dimension des Geistes ist so interessant, dass man sich gut und gerne eine Zeit lang zurückziehen könnte, um sich nur mit diesen göttlichen Inhalten zu beschäftigen. Aber das Leben Gottes drängt von innen nach außen. Das göttliche Leben ist uns nicht zum Theoretisieren gegeben worden, sondern damit es gelebt wird – und zwar mitten in dieser Welt.

Der Ruf Gottes an seine Söhne und Töchter zielt nicht auf eine Absonderung von dieser Welt, sondern es ist der Ruf und die Berufung, diese Welt mit dem göttlichen Leben zu durchdringen.

Der Auftrag Gottes ist, diese Welt zu durchdringen

Geht hin in die ganze Welt und predigt das Evangelium der ganzen Schöpfung! Markus 16,15

...; und ihr werdet meine Zeugen sein, ... bis an das Ende der Erde. Apostelgeschichte 1,8

Die Formulierung „geht hin" kann auch mit „durchdringt" übersetzt werden.

Jesus gibt uns somit den Auftrag die ganze Welt, also alle Kulturen und Gesellschaftsschichten mit der Realität des neuen Lebens zu durchdringen. Überall soll das Wesen Gottes und sein Licht präsent sein und zu seiner Ehre aufleuchten.

Das Leben Gottes pulsiert in dir. Du bist nun ein Lebensspender. Ströme göttlichen Lebens fließen von dir. Die höchste Berufung ist es, Menschen in dieses göttliche Leben hineinzuführen und sie bei den ersten Schritten ihres neuen Lebens zu begleiten.

Somit heißt es: Rein in die Schulen, in die Unis, in die Ausbildungsplätze, in die Kunst, in den Sport, in die Vereine ...

Der Auftrag Gottes ist nicht sich abzusondern, sondern Licht und Salz dieser Erde zu sein. Diese Welt wartet auf das Sichtbarwerden des göttlichen Lebens durch die Söhne und Töchter Gottes. Diese Welt wartet auf dich!

Denn das sehnsüchtige Harren der Schöpfung wartet auf die Offenbarung der Söhne Gottes. Römer 8,19

Merke:

• Kultiviere das neue Leben.
• Lass das neue Leben alle Bereiche des natürlichen Lebens durchdringen.
• Vermittle das göttliche Leben an andere.
• Diese Welt wartet auf dich!

In seiner Liebe sollt ihr fest verwur-
zelt sein; auf sie sollt ihr bauen.
Denn nur so könnt ihr mit allen
Christen das ganze Ausmaß die-
ser Liebe erfahren, die wir doch
mit unserem Verstand niemals
fassen können. Dann wir diese
göttliche Liebe euch immer mehr
erfüllen."

Eph 3,17-19;

Hoffnung für Alle

„Der Herr gab mir den Auftrag, dieses Buch zu schreiben", sagt Colin Urquhart, „als in meinem vollen Terminkalender gar keine Zeit zum Schreiben vorgesehn war. ...
Der Herr wollte mir sein Herz öffnen und verschiedene
Aspekte seines Wesens zeigen – nicht nur seine Liebe,
seine Gnade, sein Erbarmen, sondern auch seinen Zorn,
seine Gerechtigkeit und sein Gericht."

„Die Bedeutung dessen, was Gott mitgeteilt hat, hat diese
Aufgabe zur Freude werden lassen. Ich betrachte es als ein
großes Vorrecht, vom Herrn beiseitegenommen worden zu
sein, um Zeit mit ihm zu verbringen und sein ‚Sprachrohr‘
zu sein. Er hat mich ermutigt. ... Ich bin zu einer tieferen
Erkenntnis Gottes und der Natur seiner Liebe für jedes
seiner Kinder gelangt. Dies spiegelt sich im Text dieses
Buches wieder, und ich bin sicher, daß Ihnen beim Lesen
klarer und tiefer bewußt wird, mit welcher Liebe Gott
Ihnen persönlich begegnet."

VERLAG GOTTFRIED BERNARD
ISBN 3-925968-46-6

Ab Herbst 2004 als Hör-CD (Auszüge) erhältlich

Andreas Herrmann

FÜR IMMER EIN OPFER?
NEIN DANKE!

Wie man siegt, bevor man besiegt wird

„Andreas Herrmann setzt hier konsequent und lebenspraktisch um, was ‚erneuertes Denken' im Licht der Möglichkeiten Gottes und seiner Liebe bedeutet. Vom Opfer zum Sieger, weil wir in Jesus alles haben, war wir brauchen." *Dr. Roland Werner*

„Es war für mich in meinem Leben so wichtig zu lernen, was Andreas Herrmann hier beschreibt: Wir sind nicht das Produkt unserer Vergangenheit oder unserer Familien, sondern das Produkt des Kreuzes." *Maria Prean*

Paperback, 117 Seiten / Best.-Nr. 175705

Andreas Herrmann ist Mitgründer zweier Gemeinden. Seit über 10 Jahren leitet er mit seiner Frau Sabine das Christliche Zentrum Wiesbaden. Dort führt er seit einigen Jahren auch monatliche Heilungsgottesdienste durch, die eine ständig wachsende Zahl von Besuchern anziehen.

Andreas Herrmann
Entdecke dein geistliches Potenzial

„Wenn es in der Bibel steht, warum erlebe ich es dann nicht?" Diese Frage beunruhigt viele Christen zu Recht. Unerhörte Gebete und wenig Auswirkungen des eigenen Christseins auf andere führen zur Frustration. Wie komme ich zum Leben aus der Fülle, welches Jesus uns versprochen hat? In diesem Buch spürt Andreas Herrmann dem bis auf den Grund nach.

Er zeigt uns auf einer biblischen Entdeckungsreise den Weg, der zur Vollmacht und Erkenntnis Christi führt. Viele wichtige Qualitäten des Christseins entspringen einem von Gottes Geist erfüllten und entwickelten menschlichen Geist. Genau um diese Entwicklung Ihres wiedergeborenen Geistes geht es in diesem Buch.

VERLAG GOTTFRIED BERNARD
ISBN 3-934771-33-5 · BEST.-NR. 175733